KB119281

나의 길고 아픈 밤

Original Title: Mes mille et une nuits—la maladie comme drame et comme
comédie by Ruwen Ogien

나의 길고 아픈 밤

죽음을 미루며 아픈 몸을 생각하다

뤼방 오지앙 지음 · 이세진 옮김

위즈덤하우스

차례

셰에라자드는 입을 다물었다. 왕은 당황한 기색으로 도대체 어떻게 하면 이 이야기의 끝을 알 수 있을까 생각했다.

(…) 이야기꾼 여인이 넌지시 말했다. "폐하가 방금 들으신 이야기는 제가 내일 밤 들려드릴 이야기에 비하면 아무것도 아니지요. 제가 이야기를 마칠 수 있도록 조금만 더 살려 두신다면 말입니다. 이 이야기에는 아직 입 밖으로 꺼내지도 못한 더 멋지고 더 신기한 일화가 아주 많답니다." 그러자 왕은 속으로 생각했다. '빌어먹을! 나머지를 마저 듣고 난 후에 이 여자를 죽여야겠다. 처형을 하루 미뤄야지, 별 수 없구나!'

—『천일야화』[1]

1

고통효용론의
시체가
아직도 꿈틀댄다

'병자,' '질병'이라는 단어는 무엇을 의미하는가?

발목을 삐끗한 사람, 벌에 쏘인 사람도 '병자'라고 할 수 있나?

비만이나 대머리, 과잉행동이나 다운증후군은 또 어떨까?

이런 유의 질문에 명쾌하게 답할 수는 없거니와 누구나 동의할 만한 질병의 철학적 정의는 없다.[2] 어찌 보면 당연한 일이다.

'병자'와 '질병'은 필요충분조건들로써 딱 떨어지게 '정의'할 수 없는 일상 언어다. 다시 말해, 마땅히 병이라고 부를 만한 고통과, 병이라는 딱지를 붙이기 곤란한 고통을 명명백백하게 구분하는 기준은 없다.[3]

물론 우리는 으레 '전형적인 병'으로 판단되는 경우(감기, 폐렴 등)와 그리 '전형적으로' 여겨지지 않는 경우(과잉행동, 비만, 탈모 등)를 자연스레 구분한다.[4] 그렇지만 우리가 웬만큼 '전형적으로' 여기는 병명들을 목록화한다고 해서 질병의 정의가 형식에 맞게 제대로 성립하는 것은 아니다. '질병'과 '병자'라는 말이 무슨 의미인지 생각한다고 해서 정의를 더 잘 내릴 수 있는 것도 아니고 뭘 더 잘 알게 되는 것도 아니다.

어쨌든 복잡한 논쟁은 제쳐 놓고 여기서는 개인적으로 어떤 기준에 비추어 '병자'나 '질병'을 논하는지 밝히는 데 만족한다.

사실 내가 생각하는 질병은 거동의 불편함, 부상, 혹은 알레르기성 비염이나 잠시 지나가는 두통 같은 가벼운 병증과 상관없다. 아니, 그런 게 아니다. 내가 '병자'나 '질병'이라는 단어를 쓸 때에는 대개 '중증,' '만성,' '장기' 같은 수식어가 붙을 만한 질환들을 염두에 둔 것이다(당뇨, 에이즈, 암 등).

나의 관심은 그중에서도 암에 특히 쏠려 있다.

내가 암에 특별히 호감을 느끼거나 철학적 관심을 두기 때문은 당연히 아니다. 단지 내가 몸소 겪어 본 질병은 (다행히!) 암 하나밖에 없기 때문이다.

이 '장기적인' 병은 오늘날 모든 중증 질환 중에서도 가장 무서운 것으로 여겨질 만큼 각별한 위상을 누리고 있으므로(그렇지만 질병으로 인한 사망률을 따지자면 암은 1위가 아니다[5]) 나는 내 주장이 보편적인 것인 양 내세우고 싶지는 않다.

하지만 내가 지지하는 몇 가지 전반적인 논지들은 거의 전부 '고통효용론'에 반기를 든다. 고통효용론은 신체 혹은 정신의 병에 '긍정적인 효과'가 있다는 생각이다.[6] 고통효용론자는 질병이 인간을 더 풍요롭게 하는 일종의 도전이라고 본다. 이 같은 시련이 건강한 사람은 절대로 알지 못할 인식 차원의 특혜를 환자에게 준다는 것이다.

인식 차원의 특혜

질병이 우리 자신을 더 잘 알게 하고 전반적인 인간 조건을 더 깊이 이해하게 할 수도 있다. 이러한 생각은 고대까지 거슬러 올라간다. 현전하는 아이스킬로스의 작품 『아가멤논』에서 '파테이 마토스Pathei mathos,' 즉 '고통을 통해 얻은 앎'이라는 구절에는 이러한 생각이 응축되어 있다.

정신적인 특혜

질병을 겪은 이는 타인의 불행에 좀 더 민감해지고 타인에게 더 잘 공감할 수 있을 것이다. 우리는 병을 겪음으로써 지상적인 애착들에서 벗어나 우리의 정신을 고양하고 개인의 도덕성을 신장할 수단을 얻기도 한다.

　로즐린 레이Roselyne Rey는 『통증의 역사Histoire de la douleur』에서 '불분명하고 차마 말할 수 없는 고통효용론적 이유들'이 작금의 의료 실태에 유해한 영향을 미치고 있지는 않은가 하는 예리한 질문을 던진다. 그는 '아직도 진통제를 인색하게 처방하는 조치' 이면에 그런 이유들이 작용한다고 보았다.[7]

좀 덧붙이자면, 일반적으로 '불분명하고 차마 말할 수 없는' 고통효용론적 이유들은 순전히 '정신 무장'으로 회귀하고 싶어 하는 서양 국가들의 반동적인 호소로 보지 않을 수 없기 때문에 나는 각별히 더 반감을 느낀다.

이 호소의 이면에는, 사유의 관점에서, 우리 사회가 '희생정신'과 '고통의 의미'를 완전히 잃어버리고 물질적 행복과 당장의 쾌락만 충동적으로 추구하기 때문에 부패, '쇠퇴,' '퇴폐'의 위험이 있다는 생각이 깔려 있다.

고통효용론의 시체가 아직도 꿈틀댄다!

나는 이 책의 상당 부분을 고통효용론의 주장들을 박살 내는 데 할애하련다.[8]

2

형이상학을
끌어들이지 않고
질병을 사유하다

고통효용론은 역사가 길다.[9] 기본적으로는 종교의 역사와 궤를 같이한다. 그런데 20세기 초, 특히 1차 대전 이후에는 정치 이데올로기로서 제법 잘 먹히기도 했다.[10]

그 시대에는 심지어 '고통효용론 정기간행물'까지 있었다. 잠시 간행되다가 사라지긴 했지만 앙드레 지드, 폴 발레리, 폴 레오토 같은 저명인사들이 모두 이 잡지에 기고를 했다.[11]

이 잡지의 주창자는 고통효용론이 부당하게 비방당한다고 생각했다.[12] 그는 우리 사회에 '건강한 자들의 폭정'이라고 할 만한 현상이 있다고 보았다.

지배 이데올로기는 전적으로 건강, 육체적 쾌락, 물질적 행복의 편에 있다고 할 것이다. 이 이데올로기가 고통을 완전히 내치므로 고통의 막대한 이점들은 다 묵살된다.

우선, 절단의 고통은 금세 해방을 안겨 준다. 통증에 강제로 매인 상태에서 풀려나는 것이다. 숨고, 틀어박히고, 세상을 차단해야만 하는 필요성은 절대성의 탐색에 온전히 매진할 기회를 준다. (…) 건강한 자, 아, 그는―두뇌를 예외적으로 쓰지 않는 한―이 눈물을, 눈물을 자아내는 이 고뇌를 모르리라. 그에게는 내면의 심오함이 없고, 멀리 볼 줄 모르는 그의 시선은 결코 사물의 의미로 향하지 않으며, 영생의 문제보다는 비싼 대가를 치르는 삶의 문제가 더 우선이리라. (…) 그는 자잘한 걱정이 너무 많아 진정한 근심을 모른다. 성녀 테레사의 말은 참으로 옳다. "주님은 성스럽고 건강한 육체에 거하지 않으십니다."[13]

이렇게 병적인 생각이 여전히 일종의 매혹처럼 의료진, 환자, 환자 가족이 (신앙의 유무를 떠나[14]) 질병을 생각하는 방식에 작용한다. 그렇지만 철학자들 중에서도 고통이 통찰력의 배움터로서 정신적 가치가 있고 질병으로 인한 세상과의 격리가 사유에 전념할 계기가 된다고 말하는 이들은 있다.[15]

이러한 고통효용론적 편견에서 직접적으로 영감을 받은 듯한 의학 윤리 서적들도 더러 있다. 심지어 그런 편견을 널리 전파하고자 집필한 책들이 아닌가 싶기도 하다. 일례로, 환자는 신께서 '우리를 더 나은 존재로 만드시려 허락하신' 고통을 받아들여야만 한

다나.[16]

　이런 생각이 위안이 될 수 있다는 점을 부인하지는 않는다. 고통 효용론에 대한 '믿음'이 심리적으로나 사회적으로 이점을 가져다 줄 수도 있다.[17]

　하지만 그렇다고 해서 고통효용론이 개념적으로 타당하고 정치적으로나 도덕적으로 용인할 만한 학설이라는 뜻은 분명히 아니다.

　내가 보기에 고통효용론을 옹호하는 자들은 '형이상학적'이라고 부를 만한 의문들에 대하여 이론의 여지가 너무 많은 대답들을 내놓는다. 다른 여러 철학자들도 그렇고 나도 평소 그렇듯, 이 '형이상학'이라는 단어를 넓은 의미로 해석한다면 말이다.[18]

형이상학의 영역 확장

사실 나는 '형이상학'이라는 말을 추상적인 것(수학적 대상), 형체가 없는 것(혼, 영, 천사, 악마, 어떤 신들), 속성('붉음,' '푸름' 등[19])의 존재 양태에 대한 이른바 '존재론적' 의문들에만 한정해서 사용하지 않는다. 형이상학은 필연성과 우발성, 실체성과 우유성(偶有性)의 대립이 지니는 의미라든가, 사물이나 사건이 정체성을 띠게 되는 기준 등[20]에 한정되지 않는다.

　나는 '인간 조건'이라고 부를 수 있고 따라서 '실존적'이라고 말할 수 있는 것이라면 그것에 대한 질문들에는 모두 '형이상학'라

벨을 붙인다.

'삶의 의미' 운운할 때 우리는 정확히 무엇을 염두에 두고 그런 말을 하는가? 좋은 삶, '성공한' 삶이란 무엇인가? 탄생과 죽음의 의미는 또 무엇인가? 자연과 사회가 결정하는 부분이 한두 가지가 아닌 세계 속에서 '자유롭다'는 무슨 뜻인가?[21]

악(惡)과 질병에 대한 방대한 의문들, 철학자와 신학자가 항상 다 같이 골몰했던 의문들을 각별히 담당하는 것이 바로 이러한 '실존적' 형이상학이다.[22]

질병의 '의미'는 뭘까?

나에게는 아무런 책임이 없는 우발적 사태? 어느 정도는 자발적인 자기 자신에 대한 손상?

타인에 대한 의무를 다하지 못하게 방해하는 재앙? 혹은, 그런 의무를 팽개치기에 좋은 수단?

신념, 개인적인 애착, 죽음을 직시하는 능력에 주어진 시험?

나를 파괴하든가 더 크게 만들든가 둘 중 하나인 정신적·신체적 도전?

어째서 나인가? 왜 하필 지금인가?

몸이 상하고 사회생활이 망가졌어도 나는 여전히 나인가?

(생물학, 심리학, 사회학 등의) 더 명확한 용어로 옮겨지지 않은 채 이렇게 일반적인 언어로 진술된 질문들에는 명쾌하고 일정한 답변을 줄 수 없을 듯하다.[23]

이런 이유로 나는 이 책을 쓰기 시작하면서 애초에 이런 질문들은 집어치우는 편이 낫다고 주장하고 싶은 마음도 들었다. 그래서 이 장에 다소 도발적인 제목을 붙이기에 이르렀다. '형이상학을 끌어들이지 않고 질병을 사유하다.'

하지만 사람이라면 응당 대부분 이런 질문들을 한 번씩 떠올리지 않는가.[24]

그러므로 이 질문들이 별것 아니라고 치부하고 우리의 뇌리를 스치는 오만 가지 무의미한 생각들과 한데 싸잡아 취급해 봐야 그 몸부림은 헛되다(게다가 오만방자하기까지 하다).

게다가 질문을 제기하는 사태 자체를 우스꽝스럽다거나 비합리적이라고 판단할 이유는 찾기 어렵다.

어쨌거나 이런 질문들을 떠올리는 단계에서는 어떤 답변도 배척하지 않는다. 질문들이 아무 의미가 없고 그런 질문들을 떠올리는 것 자체가 부조리하다는 답변마저도.

반면에, 질문에 제시하고자 하는 '답변'의 유형에 따라서 개념적·정치적·도덕적 문제가 야기될 수는 있다.

어떤 답변들은 논리와 사실이라는 관점에서만이 아니라 그 정치적·사회적 용도를 고려할 때에도 심히 수상스럽다.

나는 고통효용론의 답변들이 바로 이런 경우라고 본다.

1. 이 답변들이 과거의 변신론(辯神論)[25]을 참조하고 있음을 고

려한다면 치명적인 반론들이 나올 수 있다. 버거운 궤변과 이상야릇한 개념 곡예를 감행하면서까지 '악'을 정당화하려고 애쓰는 답변들이랄까. 우리의 가장 끔찍한 운명조차도 전지전능하고 선의로 충만한 창조주가 '우리에게 최선을 끼치기 위하여'[26] 결정한 일이라고 말하는 것이다.

2. 이 답변들은 병자의 '신체적 고통,' 가장 극심한 고통을 온전히 진중하게 받아들이는 데 걸림돌이 되기 때문에 정치적으로나 사회적으로 문제가 있다. 이런 태도가 아직도 남아 있는 '의료 부권주의paternalisme médical'[27]에 힘을 실어 준다.

게다가 고통의 긍정적 미덕을 강조하다 보면 기막힌 '사회적 가혹 행위'에 무감각해지거나 눈뜬장님 꼴이 될 수도 있다. 중병이나 오래가는 병을 앓는 사람들은 매일매일 그러한 가혹 행위에 노출되어 있다.

그렇기 때문에 나는 우리가 질병을 마주하면서 (불가피하다고 해도 좋을) 형이상학적 의문들에 도달하게 될 때에 이런 유의 고통효용론적 답변을 분연히 거부하는 편이 낫다고 본다.

3

철학자도 세상 모든 사람들처럼 건강 문제로 고민한다

질병이라는 개인적 경험을 어떻게 말할 것인가?

내가 느끼기에 이 경험은 혼란스럽고 불안정하며 일관성이 없다. 나는 글쓰기로 그 느낌을 재구성하기에는 구로사와 아키라 감독의 〈라쇼몽(羅生門)〉으로 잘 알려진 서사 기법이 안성맞춤일 거라고 생각했다.

〈라쇼몽〉은 주관적 혹은 객관적 측면, 다양한 증인들의 시점, 혹은 동일인일지라도 시간의 흐름에 따라 그때그때 달라지는 시선에 의해 동일한 사건을 여러 버전으로 제시한다.

그래서 나는 다양한 관점, 중요한 시점(時點)─진단명을 처음 들었던 순간, 집중치료실로 들어간 때, 화학 요법의 일진일퇴, 병원에 검사 결과를 들으러 갈 때마다 환자로서 느꼈던 불안 등─에 따라 여러 차례 글을 새로 썼다.

그랬는데도 이 주제와 관련하여 고찰할 수 있을 법한 모든 측면을 보여 주지는 못했다.

안타깝게도 내가 생체 의료 분야에 심히 무지한지라, 치료 기록을 평가하거나 증상을 기술하면서 임상적 관점을 취하기는 어려웠으며 가급적 신중한 태도를 취할 수밖에 없었다. 그리고 병인론(病因論), 다시 말해 이른바 '병리학적' 상태의 신체적·정신적 원인을 탐색하는 시도도 일절 하지 않았다.

나는 질병의 개인적인 경험과 병에 걸릴 때 으레 맺게 되는 인간관계에 국한하여 말해 보고자 한다.

뒤죽박죽된 느낌들

이 경험은, 객관적인 신체의 이상 상태와 똑 닮았다.

나는 엉망진창 종잡을 수 없는 암에 걸리지 않았는가.

내 느낌도 엉망진창 종잡을 수 없기는 마찬가지다.

나는 내게 일어난 이 일에 제법 초연하다고 생각했다. 하지만 검사 결과를 들으러 갈 때마다 걱정이 되어 미칠 것 같다.

병원 대기실에서 다른 환자들을 볼 때마다 한없는 연민을 느끼지만 그들에게 말을 걸지는 않는다. 솔직히 인정하자면 그들과 가까이 있는 것도, 그들의 표정 없는 얼굴이나 불안해 하는 속삭임도 참기 힘들다.

내 몸이 차츰 낯설어지는 기분이 든다(하긴, 몸은 내 의견을 묻지 않고 저 하고 싶은 대로만 한다). 나는 난생처음으로 내 몸 상태에 심각하게 관심을 기울이고 있는데 말이다. 특히 셀 수 없이 많은 약상자에서 꺼내기도 힘든 의약품 설명서를 펼쳐 놓고 끔찍한 '부작용'들의 끝없는 목록을 읽으면서 낙심할 때가 그렇다.

나는 이른바 '의료진'이 참으로 고맙고 때로는 애정마저 솟아오른다. 하지만 그들에게 경계심, 적의, 두려움을 느끼는 때도 결코 적지 않다.

나는 나의 개인적인 미래에 별 관심이 없는 것 같은데도 내 병에 대한 연구의 진전과 관련된 정보는 귀를 바짝 세우고 듣는다.

친구들이 나를 대하는 태도에 연민이 깔려 있다는 생각을 하면 참을 수가 없다. 하지만 친구들이 나를 위해 장을 봐 주고 설거지를 해 줄 때면 굉장히 행복하다.

나는 주위 사람들이 권하는 모든 '대안' 요법이나 관행에서 벗어난 치료도[기공(氣功) 요법이라든가 양배추를 주식으로 하는 식이 요법이라든가] 받아들일 자세가 되어 있다고 말하지만 실은 그중 어떤 것도 따르지 않을 작정이다.

나는 내가 신체적 고통을 질색한다고 생각하지만 이미 너무 익숙해져서 어떻게 고통 없이 살 수 있을까 싶기도 하다.

내 사생활의 한 부분을 순전히 지적 유익을 위하여, 심지어 가소롭게 보일 수도 있는 유익을 위하여 이런 식으로 내보이기란 당연히 매우 망설여졌다.

하지만 결국 우리 모두가 마음을 쓰는 문제에 군이 침묵할 이유가 없다는 생각이 들었다. 건강과 질병이라는 문제 말이다.

지금은 외려 그렇게 자기 노출을 거부하는 태도야말로 엘리트주의와 다를 바 없다고 생각한다. 자기는 수다스러운 필멸자들의 무리에 속하지 않는다고 과시하는 방법과 뭐가 다를까.

가령 미셸 푸코나 수전 손택은 개인적인 질병 경험을 말하기를 거부한다. 솔직히 말하자면 이 거부의 철학적 정당화는 딱히 설득력 있어 보이지는 않는다.

미셸 푸코는 죽을병에 걸렸지만 자기가 그 병에 대해서 얻은 정보에 공적인 성격을 부여하고 싶지 않다고 분명히 말한 바 있다(사실, 푸코가 자기 목숨을 앗아 간 병의 정체를 '정말로' 알고는 있었는지 그것도 잘 모르겠다. 에이즈의 발병 형태나 원인은 1980년대 중반에야 겨우 조금씩 밝혀지기 시작했으니까[28]).

왜 그랬을까?

그는 이 거부를 통하여 '전부 말하라'는 절대명령, 그가 우리 사회의 특성으로 보았던 '자기고백'을 비판하면서 개인적인 울림을 더하고 싶었을까?

고대 사상에 뒤늦게 이끌렸던 터라, 스토아주의자들이나 키니코스학파처럼 행동해 보고 싶었던 걸까?[29]

좀 더 속되게 말해 보자면, 그는 고백으로 인하여 사람들에게 거부당하고 끔찍한 고독 속에서 죽어 갈지도 모르기 때문에 그러한 위험을 거부해서 유명인으로서의 위상과 안락한 사회생활을 보전하고 싶었던 것은 아닐까?[30]

카프카는 어디에선가 "건강한 사람들은 병자들을 도망가게 한다"라고 썼다.[31]

이 말은 우리가 습관적으로 생각하는 바와 정면으로 대치되기 때문에 실소나 미소를 자아낼 법하다.

실제로 우리는 이 말과 정반대되는 생각에 초점을 맞추는 경향이 있다. '병자들이 건강한 사람들을 도망가게 한다.'

확실히 이런 생각이 더 흔할 뿐 아니라 푸코가 아마도 노출되고 싶지 않았을 현실에도 더 잘 들어맞는다.

에르베 기베르Hervé Guibert는 찬탄을 금치 못하며 자신은 무질이 부럽다고 쓴다(작중 인물 무질의 실제 모델은 누가 봐도 대놓고 미셸 푸코다). 그는 자기도 무질처럼 '(자신의 병을) 아무에게도 털어놓지 않고 공기처럼 자유롭고 무람없으며 영원한 우정들이 살아가게 내버려 둘 만한 힘, 기상천외한 오만함, 게다가 너그러움까지도'[32] 지녔으면 좋겠다고 말한다.

하지만 이것도 미셸 푸코가 자신에게 매우 소중한 사회적 세계가 붕괴할지 모른다는 두려움 때문에 질병의 개인적 경험을 말하지 않았을 수도 있다고 인정하는 하나의 방식이다.

수전 손택은 사회적 위험에는 덜 연연했던 것 같다.

이 미국인 철학자는 암에 걸렸지만 『은유로서의 질병』이라는 책으로 수많은 지성들에게 깊은 인상을 남긴다.[33]

그러나 손택은 그녀가 '복음주의적evangelical'이라고 말하는 이유를 들어 자신의 개인적 경험을 말하지 않는 편을 택했다.

손택은 자신이 암을 주제로 하는 수많은 자전적 에세이들과 다르지 않은 책을 쓸 수도 있었겠지만 그런 저작은 아무 쓸모가 없을 거라고 강조한다.

자신은 쓸모 있는 글을 쓰기만을 바란다는 것이다.

이러한 관점에서, 자기 병 얘기를 쓰는 것보다는 어떤 사상을 옹호하는 것이 자신의 기획에 더 잘 부합하는 듯 보였다고 한다.

나는 그/그녀가 암에 걸렸다는 사실을 알게 되어 눈물 흘리고, 몸부림치고, 주변의 위로를 받고, 고통을 겪고, 그러다다시 용기를 내는 과정을(비록 나도 이런 과정을 겪기는 했지만) 1인칭 화법으로 다시 들려주는 것이 그리 쓸모 있을 것 같지 않았다. 내가 보기엔, 경험에 입각한 이런 얘기보다는 내 견해를 들려주는 것이 훨씬 유용할 듯싶었다. 경험담에 관한 한, 나는 다른 작가들의 경험담에 기댔다. 좀 더 매력적인 질병, 즉 결핵을 둘러싼 수많은 문학적 사례들은 금방 내 뇌리에 떠올랐지만 나는 톨스토이의 『이반 일리치의 죽음』, 베넷의 『라이시먼 계단』, 베르나노스의 『어느 시골 신부의 일기』 같은 책들에 등장하는 사람들의 질병이 암이라는 사실을 뒤늦게 깨달았다. 그래서 나는 내 책을 쓰기 시작했다. 그것도 복음주의적인 열정을 지닌 채, 그리고 이제 나는 활기차게 무슨 일을 한다거나 글을 쓸 수 있는 시간이 많지 않다는 두려움을 지닌 채.[34]

수전 손택은 무엇보다 질병의 사회적 표상들, 질병이 불러오는 은유들에 관심을 기울일 경우에 개인적 경험은 학문적으로 아무 유익이 없다고 생각했다.

그러니까 (손택의 학문적 기획과 관련되어 있다는 점에서) '인식론적'이기도 한 이유들 때문에 손택은 자신의 개인적 경험을 말하지 않겠다는 것이다. 뭐, 결과적으로는 꽤 많은 얘기를 하게 되지만 말이다.

암에 대한 짧은 글에도 자신의 절박한 심정, 앞으로 남아 있는 시간(실제로는 그녀가 걱정했던 것만큼 짧지는 않았지만)에 대한 불안을 암시하는 유의 개인적인 묘사는 다수 남아 있다.

그러므로 미셸 푸코나 수전 손택이 질병의 개인적 경험을 말하고 싶지 않았던 이유를 생각해 보면 안 될 이유는 없다. 그 이유는, 적어도 부분적으로는, '파리아'로 전락한다는 두려움, 다시 말해 사회의 폐기물로 취급받을 거라는 두려움이다.

혹자는 살아생전에 그토록 널리 알려지고 인정받았던 사람들이 설마 그런 두려움을 느낄까 싶을지도 모른다. 하지만 측근들의 증언을 들어 보더라도,[35] 이 의심은 아주 온당하다.

나는 바로 이 두려움을 기술하고 분석하는 것이 중요하다고 본다.

그리고 내가 보기에는 개인으로서 몸소 체험한 것, 자료 가치가 있는 이야기로서 수집되었거나 문학적 방식으로 재구성된 경험만이 이 두려움을 재현할 수 있다.

4

사회 폐기물로서의
병자

2015년 11월 어느 오후, 나는 파리의 어느 대형 병원에 예약이 잡혀 있었다. 나의 병, 새로 발급받은 지 얼마 안 된 카르트 비탈[36]에 명시되어 있듯이 '장기 질환'의 진행을 살피는 의사들을 만나야 했다. 나 역시 모 전(前) 장관[37] 못지않게 지독한 '행정 절차 공포증'이 있지만, 결국은 체념하고 새 카드를 신청하지 않을 수 없었다.

'장기 질환'이라는 표현이나 의사들이 처방전에 마치 자기네 이름 이니셜처럼 휘갈겨 쓰는 약어 ALD(affection de longue durée)를 두고 정확한 학술적 의미를 찾아서는 안 된다.

'장기 질환'은 그냥 국가 보건정책 명목상 부여된 명칭일 뿐이다. 그런 정책은 학술적 이유가 아니라 예산이나 이데올로기를 이유로 바뀔 수도 있다. 이 명칭은 단지 어떤 특정 질병이 '장시간의 요법과 특히 비용이 많이 드는 치료를 수반하는 법정 질병들의 목록'[38]에 올라 있다는 의미일 뿐이다.

'장시간'과 '특히 비용이 많이 드는'의 의미는 명확하지 않다.

치료를 위한 검사는 많기도 참 많다. 당연히 병원비 고지서가 가벼울 리 없다. 그렇지만 그런 검사는 의학적으로 필요해 보이기도 하고, 어쨌거나 행정상 요구된다.

2년 반 사이에 열 번째 검사였나, 내가 알기론 그랬다.

'검사' 대신 '추적'이라고도 한다. 침해 혹은 경찰을 연상케 하는 요소 없이, 이건 오로지 병자의 유익을 위하여 행하는 일이고 의료진과 환자 사이의 새로운 상호 협동을 나타낸다고 인지시키고 싶은 모양이다. 어쨌든 이 검사의 일부 결과는 전화로 전달받는다. 혈액 검사라든가, 그 밖의 '객관적'이라고 가정되는 검사의 결과를 주로 듣는다.

하지만 이렇게 시간 간격을 두고 정기적으로 직접 병원을 방문하여 의료진과 실제 접촉도 한다. 그래야만 의사들이 나의 전반적인 상태에 대하여 비공식적인 정보를 얻고 자기들이 처방한 강도 높은 요법에 내가 얼마나 잘 버티는지 나의 '주관적인' 역량도 가늠할 수 있다나.

실제로 의사들이 치료 프로그램을 결정하고자 방향을 잡는 기준들에는 의료영상촬영 결과, 생화학 검사 결과, 면역혈액학적 검사 결과 외에도 나의 겉모습('안색이 좋은가?' '피곤해 보이는가?'), 나의 기분, 병에(혹은 치료에도) 수반되는 통증에 대한 묘사의 신빙성에 기초한 오만 가지 판단들이 포함된다.

환자의 새로운 권리 선언,[39] 중증 질환 치료 실태를 개선한다는 국가 계획, 의료 부권주의에 대하여 반감이 점점 더 거세어짐에도 불구하고, 문자화되지 않은 애매한 법칙들은 병원에 자주 드나드는 사람들이 어떤 역할을 맡게끔 여전히 강요한다. 여기서 말하는 역할은 연극에서 쓰이는 의미, 다시 말해 '배역'이다.

최근에 환자의 자율성이라는 방향에서 일어난 발전들이 역설적이게도 해묵은 의료 부권주의에 다시 힘을 불어넣었다고 말할 수 있을지도 모른다.

이렇게 말하는 이유는, 덕분에 의사들이 환자를 비난할 기회를 얻었기 때문이다. 환자가 자기 건강을 함부로 한다고(담배를 피운다, 술을 마신다, 선탠을 한다, 유해한 환경에 노출된다 등) 비난할 수 있고, 환자가 치료법을 설명대로 정확히 따르지 않았다고 비난할 수 있으며(더욱이 지금은 가능하다면 입원보다 가정 치료를 선호하는 추세이므로), 대체로 의학에 문외한인 환자[40]가 자신의 병에 관해 직업 의료인과 대등한 전문가 행세를 한다고 비난할 수 있다.

그렇지만 더는 미약하고 무능한 존재로 취급받지 않겠다는 환자의 요구는, 치료의 행정 절차상 환자에게 새로운 책임이 부여되었기 때문에, 또한 환자도 의료 정보를 인터넷에서 점점 더 쉽게 얻을 수 있기 때문에 정당화될 만하다. 이제는 컴퓨터가 인간이 감당할 수 없는 방대한 데이터를 근거로 진단을 내릴 수 있는 시대인

만큼,[41] 의사의 전문성은 점점 더 예전만 못하다.

종신 환자

진료를 받는 동안 '장기' 환자, 다시 말해 현 조건에서 '완치' 가능성은 없을 듯한 질환을 안고 사는 사람으로서, 처음으로 내가 너무나 무력하고 취약하다는 느낌이 뼈저리게 와 닿았다. 기술도 없고 자격도 없이 늙어 가는 실업자가 푼돈벌이 허드렛일이라도 얻겠다고 나설 때의 심정이 이렇지 않을까.

정말로 실감한 것은, 내가 나랏돈과 의료진의 노고가 깃든 치료를 받을 자격 없는 '쓰레기'로 보이고 싶지 않다면 '내보여야만' 하는 나의 이미지가 있다는 것이었다. 몸이 쇠약해지는 와중에도 꿋꿋이 버티는 사람, 의사들의 권고를 진심으로 따르길 원하는 사람, 지적으로 항상 믿을 만하고 여전히 사회에 '쓸모'가 있을 만한 사람이라는 이미지.

그렇다. 나는 내가 '긍정적'으로 간주되는 사회적 특징들을 연출해야만 '잉여' 인간 취급을 받지 않고 오랫동안 무탈하게 치료를 받을 수 있겠다는 느낌이 들었다!

나는 다음번 '검사' 때에는 반짝반짝 윤이 나게 닦은 구두를 신어야겠다, 코나 귀에 삐죽 튀어나온 털을 정리하고 와야겠다, 알 아라비아타 토마토소스가 묻은 바지는 입지 말아야겠다, 따위의 생각을 하곤 했다.

나는 C.L.과 속내를 털어놓고 얘기를 나누면서 이러한 고민들의 '여성판'을 들을 수 있었다(그 친구가 자기 발언을 인용해도 괜찮다고 너그러이 허락했다).

"병원에 가면서 화장을 꼭 해야 하나 생각한 적이 한두 번이 아니야. 핏기 없는 민낯으로 가서 (진짜 환자이긴 하지만) 환자 티를 낼 것인가? 아니면, 끄떡없다는 듯이 결의에 찬 얼굴을 보여야 하나? 좋은 환자의 태도란 그런 걸까?"

물론 그런다고 해서 좋은 환자로 인정받는다는 보장은 없다. 뭐랄까, 정신병원 환자들의 일거수일투족이 ―더없이 심사숙고한 행동, 신중한 행동, 심히 조직적인 행동마저도― 부메랑이 되어 그들이 제정신이 아니라는 증거로 돌아올 수 있는 것과 마찬가지라고 할까.

나는 '종신 환자'로서 그 비슷한 사회의 가혹 행위에 맞닥뜨린 기분이 들었다. 중형을 선고받은 수감자가 조건부 석방을 걸고 협상하는 기분이 이럴 거라 상상한다.

5

나의
천일야화

시몬 드 보부아르는 모친을 암 합병증으로 떠나보낸 후 매우 인상적인 텍스트[42]를 한 편 썼다. 여기서 나는 종신 환자라는 나의 새로운 조건이 연상시키는 이미지와 흡사한 이미지를 발견한다.

"J 박사, B 교수, T 박사. 말쑥하게 멋을 낸, 잘 손질된 옷을 입은, 휘황하게 빛나는 이 위대한 인물들은, 병들어 조금은 추레해진 늙은 여인을 한없이 높은 곳에서 내려다보았다. 나는 그들의 시시한 자부심을 알아볼 수 있었다. **앞에 있는 사람의 생사를 손에 쥔 재판관의 거드름과도 같은 자부심**을."[43]

폴 가덴Paul Gadenne 역시 이 이미지를 써서 병명을 고지하는 의사들의 태도를 묘사한다.

"그 두 사내는 자기 앎을 자부한 나머지 범행 목적을 알아낼 생각도 없고 자기가 벌할 사람에 대한 무지에 전혀 구애받지도 않는

판사들처럼 그의 앞에 서 있었다."⁴⁴

이 이미지가 극적으로 과장되었다고 생각할 수도 있다. 병원 생활의 극적인 면, 가끔 일어나는 희극적인 상황을 강조하는(나 또한 뒤에서 그렇게 해 보려고 하지만) 이미지들을 들이밀 수도 있다.

그렇지만 이 이미지가 의료진의 판결이 자기를 좌지우지한다고 깨닫는 순간 느끼는 감정들에 부합한다는 점은 의심할 바 없다.

"나는 쾌활하니까 사람들이 좋아하는 거야."

병원 신세를 지는 환자 팔자를 이야기하는 수많은 책 중에서 『아주 편안한 죽음*Une mort très douce*』은 의료 관계에서 불거지는 가혹성을 민감하게 포착하는 드문 책이다. 다양한 부류의 의사, 간호·간병인, 의료 공동체 전체, 환자들(치료를 요구하는 개인들로 이루어진 무정형의 무리)의 관계는 얼핏 보기에는 평화롭지만 심각하게 비대칭적인 데다가 사회적 폭력(경멸, 천시, 지배와 복종 등)을 담고 있다.

그래서 '아주 편안한 죽음'이라는 제목은 임종을 앞둔 이의 신체 감각을 빗댄 것일 수도 있다. 하지만 이 제목의 의미는 사실 순전히 사회적인 것이다.

"엄마는 편안하게 세상을 떠났다. 특권을 가진 사람답게, 그렇게 편안한 죽음을 맞이했다." 시몬 드 보부아르는 모친이 구차하게 공동 병실을 쓰지 않아도 되었다는 뜻에서 이렇게 썼다. 공동 병실에서는 임종이 다가왔다는 표시를 하듯 위독한 환자 주위에 이동식 칸막이를 치고 일단 환자가 사망하면 죽어 가는 다른 이를 빨리 데려다 눕히기 위해 신속하게 침대를 치운다.[45]

시몬 드 보부아르는 어머니의 생명력과 꿋꿋함에 감탄하면서도 이 노부인이 병원의 하급 인력들에게 기탄없이 드러내는 계급 특유의 편견에 대해서는 여전히 냉정하다. 그녀는 어머니가 이렇게 말하는 것을 듣는다. "서민 여자들 있잖니, 너도 그 사람들이 어떤지 알지. 늘 우는 소리만 하는 거." "병원 간호사들은 오로지 돈 때문에 일하는 거야. 그러니…."

시몬 드 보부아르는 아연실색한다. "숨을 쉬는 것처럼 기계적으로, 아무렇지도 않게 내뱉은 말이었지만 그래도 엄마의 의식에서 나온 말이었다. 나는 그런 말을 아무렇지도 않게 들을 수가 없었다. 나는 엄마가 육신의 고통을 겪는 중에도 머리로는 쓸데없는 생각을 한다는 사실이 슬펐다."[46]

그렇지만 시몬 드 보부아르는 자기 어머니가 감내해야만 했던 의료 부권주의에도 주목한다.

엄마의 종합 진단을 담당한 T박사가 병실에 들렀다. 그가 물었다. "식사를 너무 적게 하시는 것 같은데요?" "올여름에는 내내 우울했어요. 식욕이 나질 않더군요." "음식 만들기가 귀찮으셨던가요?" "그게 아니라, 음식을 만들어도 먹고 싶은 생각이 없었어요." "아, 그렇다면 게을러서 그러셨던 건 아니군요. 직접 요리를 하시기는 하죠?" 엄마는 생각을 더듬었다. "한번은 치즈 수플레를 만들었는데 두 숟가락을 떠먹으니 더는 먹을 수가 없더군요." "그러셨군요." 의사는 깔보는 듯한 미소를 지으면서 말했다.[47]

의사는 정확히 이렇게 말했다. "아, 그렇다면 게을러서 그러셨던 건 아니군요. 직접 요리를 하시기는 하죠?" 이 말은 눈치 없는 농담처럼 들리긴 해도 적대감을 드러낸다고 볼 수 없다. 하지만 의사와 환자의 관계라는 맥락에서 보면 환자를 심하게 어린애 취급하는 발언이기는 하다.

시몬 드 보부아르는 이렇게 평한다. "엄마는 의사를 믿고 순순히 자기 자신을 돌아보고 한 말인데 그 사람이 시답잖은 미소를 지을 이유가 어디 있단 말인가. 엄마에겐 자기 건강이 달린 문제였다."[48]

좀 더 뒤에서 시몬 드 보부아르는 어머니가 받았던 수많은 관심과 애정의 표시들을 짓궂게 놀림으로써 어머니의 불안을 달래려 한다. "엄마를 찾는 전화가 끊이지 않네요. 영국 여왕이라도 이보다 더하지는 않을 거예요. 꽃다발, 편지, 과자, 전화까지! 엄마를 염려해 주는 사람이 얼마나 많은지 몰라요!"

이 말에 어머니는 그러한 인기가 순전히 자기 자신에게, 즉 좋은 모습을 보이려는 자기 노력에 달렸다는 듯 이렇게 대꾸한다. "내가 쾌활하니까 사람들이 좋아하는 거야."[49]

셰에라자드처럼 유예를 끌고 나가기

예기치 않은 연상 작용이긴 했지만 나는 중병 환자가 의료진과 주위 사람들의 환심을 사기 위한 연출에 쏟아붓는 노력에서 『천일야화』의 이야기들을 떠올렸다.

갑자기 그런 생각이 들었다. 이른바 '고질병'에 걸린 사람들은 페르시아 왕 샤리아르의 사악한 계획을 저지하려는 셰에라자드처럼 매일매일 무모한 술책을 새로 지어내야만 하는 것 같다고.[50]

샤리아르 왕은 아내가 다른 사내와 통정하는 모습을 우연히 목격하고는 경악한다. 그는 불같이 화가 나서 아내와 그 젊은 사내를 죽인다. 그러나 그들을 죽인 것만으로는 세상 모든 여자를 향한 복수의 갈증이 다 풀리지 않았다. 샤리아르 왕은 세상 '모든' 여자들이 믿을 수 없는 배신자라고 생각한다.

그래서 왕은 매일 저녁 자기 왕국의 처녀 한 사람을 불러다가 동침을 하고, 다음 날 아침에는 어김없이 여자를 처형한다.

셰에라자드는 이 학살(요즘 같으면 '페미사이드femicide'라고 할)에 종지부를 찍기 위해 자진하여 왕의 신붓감이 된다. 그녀는 가급적 오래 자기 목숨을 부지하고 왕의 비열한 짓거리를 방해할 책략을 세운다.

셰에라자드는 매일 저녁 재미난 이야기로 왕을 사로잡는다. 하지만 그녀는 절대로 이야기의 결말을 밝히지 않는다. 그래야만 왕이 적어도 이야기의 끝을 들을 때까지는 그녀를 살려 두고 싶어질 테니까(다행히 그 사이에 왕의 측근 중에서 '스포일러' 노릇을 할 사람은 없었다!).

그녀는 텔레비전 장수 프로그램을 끌고 나가듯 수년 동안 이 유예를 끌고 나가는 데 성공하여 결국 왕과 돈독한 애정을 쌓고 그의 아이를 낳는다.

셰에라자드처럼 의료진들과 척지는 일 없이 유예를 끌고 나가기, 내가 내 병의 성격을 제대로 아는 거라면 이것이 앞으로 내가 바랄 수 있는 최선이다.

약간은 피해망상이 있는 것처럼, 그러나 지나치지 않게

의료진의 실제 행동과 직접적으로 상관은 없지만, 이 감정에 약간 피해망상적인 측면이 있다고 밝혀 두지 않으면 아쉬움이 남을 것 같다.

의사, 간호사, 심리학자, 물리치료사는 노동 조건이 매우 혹독함에도 대체로 친절하고 사려 깊게 처신한다. 그들은 분명히 세상의 존경을 받을 만하다. 어쩌면 앙심을 품은 일부 환자들이 성가시게 하거나 공격적으로 굴 때조차 그들은 너그럽게 넘어가 주는지도 모른다.

그러나 환자는 이 온정적인 태도(혹은 공감 어린 태도)가 매 순간 뒤집힐 수도 있음을, 따라서 그런 일이 발생하지 않도록 자기도

'노력'해야 함을 의식한다.

사실, '좋은 환자' 역할 연기란 별다른 게 아니다. 자기와 의료진이 비대칭적인 권력관계에 있음을 직관적으로 이해하고 있노라 표를 내는 것이다.

이 비대칭적인 관계는 일방적 개입, 대놓고 우악스럽게 보호자 행세를 하는 행동으로 표현될 필요가 없다. 다시 말해, 의료진이 임의로 밀어붙이지 않고 환자의 의견이나 기분을 고려하더라도 그 관계는 비대칭적일 수 있다.

그러한 간섭이 언제 어느 때고 '가능'하거나 진지한 '두려움'을 불러일으키기만 해도 환자의 자유와 권한은 침해당한다.[51]

그런데 간섭은 분명히 가능하며 때때로 진지한 두려움의 대상이 된다. 환자라면 누구나(피해망상과는 아예 거리가 먼 환자조차도!) 겪어 봐서 안다.

환자에 대한 연민이나 반감은 원칙적으로 의료진의 행동 방식에 결코 영향을 미쳐서는 안 될 감정이다.

실제로 미국 의료사회학의 개척자 탤컷 파슨스Talcott Parsons는 의사가 이론상(다시 말해, 이 직업의 공식적인 이데올로기에 따르면) '감정의 중립성'이라는 규범을 존중해야 한다고 보았다.[52]

하지만 현실에서 의사가 늘 그러한 중립을 유지하지만은 않는다. 탤컷 파슨스도 그 점을 아주 잘 알고 있었다.

그는 자못 놀라운 블랙유머를 담아(파슨스가 재미있는 사상을 피력한 인물로 유명하다고는 절대로 말할 수 없으나) 이렇게 지적한다. "의사들도 사람인 이상, 어떤 환자들에게는 욱하는 반감을 느낄 것이다!"[53]

의사가 자신은 평생 환자가 될 일이 없을 것처럼 생각한다면 이 반감을 더 자주 느낄 것이다.

그렇기 때문에 의사는 순전히 신체적인 병을 앓는 환자들(평생 이런 병에 안 걸리고 살 수 있다고 큰소리칠 사람이 누가 있겠는가?)보다 정신적 문제가 있는 환자들(이 부류에는 절대 들어가고 싶어 하지 않는 것도 당연하다)에게 더 가혹하게 구는 모양이다.

이게 바로 소위 '선택적 공감'이다.[54]

하지만 이 '선택적 공감'이라는 관념은, 의사가 진심으로 환자에게 그런 감정을 느낄 가능성을 생각해 보면 한층 더 비관적으로 느껴진다.

어떤 사람에게 공감을 느끼기 위한 필요조건 중 하나가 그 사람과 '같은 세상'에 속해 있다는 감정이라면, 의료 관계 안에서 원칙적으로 환자와 완전히 다른 권한을 누리는 의사가 어떻게 이 조건을 충족할 수 있을지 모르겠다(의사는 '아는 자', 처방하는 자, 검사하는 자이므로).[55]

이때 의사는 환자나 병원의 하급 인력과 거리를 취해야 하는 사람으로 간주된다. 그는 자신의 자격과 능력을 십분 발휘하여 그가 사는 세상은 다르다는 것을 보여 주어야 한다.

적어도 의사의 '사회적 역할'의 가장 두드러진 특징들은 그렇다.[56]

6

나를 죽이지 않는 것이
나를 더 강하게
만들지는 않는다

내가 이해하기로 고통효용론은 우리가 질병과 고통에서 끌어낼 수 있다고 하는 이지적이고 도덕적인 이점들을 강조한다. 이를테면 물질적 삶에 초연해진다든가, 사유에 전념할 수 있다든가, 정신이 고양된다든가, 더 나은 인간이 될 수 있다든가, 기타 등등.

언뜻 보기에 니체도 이런 의미에서는 고통효용론자가 맞다. 그가 그리스도교를 비판했다고 해서 빠르게 생각하면 이해가 안 되겠지만 말이다.

가령, 『이 사람을 보라 *Ecce homo*』의 이 구절을 생각해 보라.

병증은 서서히 나를 자유롭게 했다. 병은 내가 결렬하지 않게, 모든 난폭하고 충돌적인 행보를 하나도 하지 않게 만들었다. 당시 나는 호의를 잃지 않았고, 더 많은 호의를 얻었다.

마찬가지로 내 병은 나의 모든 습관으로 완전히 되돌아갈
권리를 주었다. 내 병은 망각을 허락했고, 망각하라고 **명령**
했다. 내 병은 내가 조용히 누워 있는 것, 한가로움, 기다림과
인내의 **필요**를 선사했다. (…) 그런데 이게 바로 사유가 아
니겠는가!⁵⁷

혹은, 『아침놀 *Morgenröthe*』의 이 대목은 어떠한가.

오랫동안 끔찍할 정도의 고통에 시달렸음에도 불구하고 지
성이 흐려지지 않는 병자의 상태가 [명철한] 인식의 획득이
라는 면에서는 가치가 없지 않다. 깊은 고독, 모든 의무와 습
관으로부터 허용된 자유가 수반하는 지적인 이익을 도외시
하더라도, 무서운 병고에 시달리는 사람은 자신의 상태에서
섬뜩할 정도로 세계를 **내다본다**.⁵⁸

니체가 고통을 쾌락과 완전히 무관하고 순전히 부정적이기만
한 감정으로 보았다면, 이 텍스트들을 고통효용론의 관점에서 해
석하더라도 그럴싸하게 먹힐 것이다.
하지만 실상은 그렇지가 않다. 니체는 쾌락을 '고통의 한 양태'⁵⁹
로 보았고 고통도 역으로 쾌락의 한 양태라고 보았기 때문이다. 그
는 우리를 설득하기 위하여 순교자들의 희열과 고행자들이 가혹

한 자기 학대에서 느끼는 기쁨을 생각해 보라고 말한다.[60]

니체에게 고통과 쾌락은 순수한 감정이 아니라 '혼합된' 감정이었다. 따라서 니체의 시각을 고통은 고통, 쾌락은 쾌락으로 보는 '정통' 고통효용론자의 시각과 동일시해서는 안 된다.

게다가 이 텍스트들에는 적잖게 허세가 들어와 있을지도 모른다.

이런 텍스트들을 해석할 때면 꼭 갖다 붙이는 니체의 단상이 하나 있다. "나를 죽이지 않는 것이 나를 더 강하게 만든다."[61] 나는 이 문장을 볼 때마다 아주 짜증이 났다.

그런데 이 문장은 경악스러울 만큼 인기가 좋다.

많은 이들이 이 문장에 참다운 지혜가 응축되어 있다고 생각하며, 인생의 온갖 불행에 이 단상이 놀라운 위로가 된다고 생각하는 것 같다.

조니 알리데Johnny Hallyday는 아마 스스로 자각하지 못한 니체주의자일 것이다. 어쨌든 그는 대중이 뭘 좋아하는지는 귀신같이 아는 사람이다. 그러니까 자기가 아끼는 노래 중 한 곡에다가 이런 제목을 붙이지 않았겠는가. '우리를 죽이지 않는 것이 우리를 더 강하게 만든다.'

이 단상은 영화 〈코난 더 바바리안Conan the Barbarian〉의 첫 부분과 〈선탠하는 사람들 3Les Bronzés 3〉 끝부분에도 튀어나온다. 빈번한 인용이 이 사상의 품질 표시 마크가 될 수는 없지만 적어도 대중적 침투력은 확실하게 보여 줄 것이다. 철학과는 담쌓고 사는

이들의 머릿속에까지 이러한 생각이 깊이 파고들어 와 있다는 얘기다.[62]

그렇지만 이 단상이 거짓이라고 볼 만한 근거는 아주 많이 있다.

'나를 죽이지 않는 것이 나를 더 강하게 만든다'는 말은 거짓이다

니체의 이 단상을 경험적이거나 사실적인 적합성으로 따진다면 상당수의 경우 거짓으로 판명날 것이다.

몇 년 전에 암으로 별세한 저명한 영국의 문학평론가 크리스토퍼 히친스Christopher Hitchens는 특유의 비꼬는 듯한 화법으로 이렇게 말한다.

> 무정한 현실, 그것도 약에 둘러싸인 현실 속에는 우리를 죽일 수 있는 것, 죽이지 않는 것, 그리고 우리를 약하게 만들수 있는 것이 너무나 많다. (…) 그 병[매독]이 당장 니체의 목숨을 빼앗지는 않았지만 그의 죽음에 기여했음은 분명하다. 또한 이 병이 그를 더 강하게 만들어 주었다고는 도저히 말할 수 없다. 니체는 정신적으로 점점 망가져 가는 과정에서, 사람이 성취할 수 있는 업적 중에서 가장 중요한 것은 셰익스피어의 작품을 쓴 사람이 사실은 베이컨임을 밝히는 것이라고 확신하기에 이르렀다. 이것은 그의 지적 능력과 정신이 크게 쇠락했음을 보여 주는 틀림없는 징후다.[63]

그렇지만 기지 넘치는 말의 재미를 누리기 위해 지적인 편리함에 자신을 내맡겨야 할 필요는 없다. 크리스토퍼 히친스처럼 니체의 명제를 문자 그대로의 의미, 물리적인 의미로 해석하지는 않아도 된다는 뜻이다.

약간 자비로운 해석을 가하여 이 명제에서 도덕적 혹은 심리적 의미를 찾을 수도 있겠다. '나를 죽이지 않는 것이 비록 내 몸에는 크게 손상을 가할지언정 나의 도덕성이나 심리는 더 강하게 만든다.'

문제는 이러한 해석이 좋은지 입증하기가 어렵고, 이 해석이 옳은지를 증명하기는 더욱더 어렵다는 것이다.

심지어, 니체가 오로지 병든 자를 격려할 목적으로, 병자의 삶을 돕고자, 병자를 '위로'⁶⁴하고자 이 문장을 쓰지는 않았는지 의문을 품어 볼 수도 있다. 달리 말하자면, 이 문장에 순전히 '치료적인' 의미밖에 없는 것은 아닐까.

실제로, 고통효용론을 방불케 하는 니체의 표현들, '나를 죽이지 않는 것이 나를 더 강하게 만든다' 유의 단상들은 생을 좀 더 견딜 만하게 하는 모토 찾기에 해당할 뿐이다.

다르게 말해 보자면, 니체에게 고통효용론은 진위를 따질 수 있거나 따져야만 하는 사상이 아니라 단지 유용한 허상, 효력 있는 슬로건에 불과했을 것이다.

7

'회복탄력성'이
왜 필요한가?

최근 몇 년 동안 건강심리학 연구는 중증 질환의 '해로운' 효과들 (스트레스, 우울증, '자기애적 상처,' 세상에 적응하거나 '자존감'을 회복하는 데 따르는 어려움)을 강박적으로 탐색하던 추세에서 벗어나 질병의 '이점,' 현실성이 입증되지도 않은 질병의 긍정적 효과에 초점을 맞추었다.[65]

이러한 연구는 '외상 후 성장post-traumatic growth' 같은 거창하고 현학적인 용어들을 중심으로 조금씩 이루어져 왔다. 이런 용어들은 사실적인 검증을 아예 금지하는 듯하다.

이제 대중 잡지나 (감히 이렇게 말해도 된다면) 역병처럼 번져 나가는 자조(自助, self-help) 혹은 '자기계발' 서적들이 이러한 연구를 널리 확산시키고 있는 형편이다.

어디 그뿐인가, 질병의 이점이나 효용에 대한 일화와 증언도 홍

수처럼 넘쳐 난다. 그런 얘기들은 과장이 어찌나 심한지 마치 싸구려 호텔이나 식당 업주의 지인들이 트립 어드바이저 같은 웹 사이트에 작정하고 올린 이용 후기처럼 호평 일색이다.

'긍정' 심리학과 고통효용론적 형이상학은 각자도생의 길을 걸어왔다고 볼 만하다. 그 둘은 서로 구별되는 목적을 띠고, 각기 다른 개념 도구를 다루어 왔으니까.

그렇지만 그 둘 사이에 근본적인 유사성이 있다고 볼 수도 있다. 그리고 나 역시 그렇게 생각하는 입장이다.

'회복탄력성'에 도덕적 가치가 있는가?

'긍정' 심리학은 상당 부분 회복탄력성이라는 모호한 개념에 바탕을 둔다. 회복탄력성을 거칠게 정의해 보자면, 아무리 모진 불행을 겪더라도, 심지어 '그 불행을 밑거름 삼아서' 아름답고 성공적인 삶을 구축하는 능력이라고 하겠다.

회복탄력성 이론에 따르면, 애정, 직업, 운동 등의 분야에서 성공이란 대개 우리를 파괴할 것만 같았던 원(原)불행(가까운 이의 죽음, 모욕, 박해, 가난, 심각한 사고, 신체적·사회적 장애 등)과 치열하게 싸운 뒤에야 비로소 찾아온다.

원불행을 극복하려고 애쓰다 보면 성공이나 행복에(혹은, 니체의 표현을 빌리자면 '위대한 건강'[66]에까지) 도달한다는 얘기다.

이런 의미에서 불행은 유용하고 이롭다.

이 같은 생각은 '경이로운 불행'[67]이라는 대단히 역설적이고도 인상적인 표현으로 요약된다.

하지만 이건 다 막연한 말에 불과하다. 이런 말에 더 상세한 의미를 부여할 수 있게 되더라도 회복탄력성이 왜 좋다는 것인지, 정확히 무엇이 '탄력적이어야' 하는지는 알 수 없으리라.

회복탄력성은 행복과 안녕을 보존하거나 획득하는 수단에 불과한가?

회복탄력성은 반드시 존중해야만 하는 '자신에 대한 도덕적 의무'인가? 결과에 연연치 않고, 다시 말해 이 개념에 대한 헌신이 행복과 안녕을 가져다주지 않더라도, 이 개념을 의무적으로 존중해야 하나?

회복탄력성이 칭찬할 만한 인간적 자질, 일종의 미덕이기 때문에?

공리주의자는 회복탄력성이 불행보다 행복을 더 가져다준다는 조건만 충족되면 기꺼이 이 개념에 도덕적 가치를 부여할 것이다. 칸트주의자는 회복탄력성이 진정한 '자기에 대한 도덕적 의무'임을 인정하는 조건에서 이 개념을 중시할 것이다. 그리고 아리스토텔레스주의자는 회복탄력성이 일종의 덕이라면, 단지 그 조건만으로도 회복탄력성을 갖추는 것이 좋다고 할 것이다.

그렇지만 회복탄력성의 주창자들이 이 개념의 '가치'라는 문제를 직시하고 건실한 도덕론들에 비추어 판단을 내리는 경우는 매우 드물다.

물론, 그들에게 회복탄력성의 도덕적 가치란 이론으로 정당화할 필요가 없을 만큼 자명한 것일지도 모르겠다.[68]

만약 그렇다면 나는 그들이 이타주의의 주창자들과 똑같은 오류를 범하는 거라고 말하겠다. 이타주의를 장려하는 이들은 이타주의는 당연히 좋은 것이라고 말한다. 그러나 자신의 삶, 개인적인 계획을 '사회'나 '국가'의 이익을 위하여 희생하는 자세의 도덕적 가치를 깊이 숙고해 본다면 그들의 확신도 충분히 동요할 만하다.

회복탄력성도 이타주의와 마찬가지의 경우로, 일단 비판적으로 성찰해 본다면 당연히 미덕으로 간주하고 옹호할 수만은 없으리라 본다.

내가 '긍정심리학'에서 참을 수 없는 부분

회복탄력성은 '긍정'심리학을 떠받치는 기둥 중 하나다. 그런데 이 심리학은 볼테르가 조롱했던 라이프니츠의 사상과도 비슷하게, 아둔하리만치 낙관적인 면이 있다. 지난한 실패와 고초로 점철된 삶을 위태위태하게 살아가는 이들의 눈에는 그런 면이 같잖아 보일 법하다.

긍정심리학은 사유의 패배주의자들에게 죄의식을 조장하는 경향이 있다. 절망을 극복할 힘이나 의욕이 없는 사람들은 모두 유죄다.[69]

우리의 실존적 질문들에 고통효용론이 주는 대답들이 그렇듯,

'긍정'심리학은 피폐한 삶을 사는 환자들에게 여전히 자행되는 사회적 가혹 행위를 정당화하는 역할을 하기도 한다.

이런 이유에서 나는 더없이 고약한 질병들을 긍정적으로 제시하는 경향이 있는 이 심리학을 참기가 힘들다. 질병이 '우리를 성장시키고' 우리를 '더 나은 존재'로 만들며 우리 자신과 인간 조건에 대한 통찰력을 기르는 '도전 과제'라느니, 질병이 우리의 진가(우리의 '용기,' 우리의 '회복탄력성' 등)를 드러낼 수도 있는 중요한 시험이라느니 하는 개수작 말이다.

8

환자들의
왕국을
방문하다

버지니아 울프는 이렇게 썼다. 질병이 사랑, 투쟁, 질투 같은 문학의 거대 주제가 아니라는 사실이 너무나 놀랍다고.

우리가 생각하기에 감기에 대한 소설, 장티푸스의 서사시, 폐렴에 바치는 송가, 치통을 노래한 서정시도 존재해야 마땅하다. 그런데 그런 작품들은 없다. 드물게 예외가 있기는 하나─드퀸시는 『어느 영국인 아편쟁이의 고백』에서 그 비슷한 시도를 약간 했다. 프루스트도 병에 대한 책을 드문드문 한두 권 분량은 썼다고 해야 할 것이다─문학은 자신의 대상은 정신이요, 육체는 영혼이 훤히 들여다볼 수 있는 유리벽에 불과하다고 고집스럽게도 외쳤다. 욕망이나 탐욕 같은 한두 가지 정념을 제외하면 육신은 무(無), 무시해도 되고

존재하지도 않는 양(量)이다.[70]

　나는 만약 버지니아 울프가 여성주의 문학의 폭발적 성장을 볼 수 있었다면 이런 결론을 내리지 않았을 거라 생각한다. 울프가 이바지한 여성주의 문학에서 신체(성적 차이, 쾌락, 신체적·정신적 통증 등)는 매우 중요한 소재니까.

　또한 만약 그랬다면 울프는 문학이 질병이라는 주제에 하잘것없는 자리만 내어주었다고 아쉬워하면서 글머리를 열 수 없었을 거라 생각한다.

　물론, 감기나 치통에서 영감을 얻은 위대한 문학 작품은 지금도 없다.

　그렇지만 암 투병에 대해서 이야기하는 프리츠 초른Fritz Zorn의 자전적 소설, 에이즈의 진행을 일부러 노골적이고 상세하게 묘사한 에르베 기베르의 책, 알렉산드르 솔제니친이 구소련 암 환자들의 우울한 삶을 거칠게 묘사한 책은 베스트셀러가 되었다.[71] 이건 약과다. 질병을 다룬 소설, 단편, 철학서, 문학적 에세이는 발에 차일 정도로 많다.[72]

　현재 질병에 대한 성찰에 쓰이는 자료들 가운데 가장 중요한 것은 생물학이나 의학 데이터, 의료 조직과 공공 보건 문제에 대한 역사적·사회학적 조사 결과, 환자·가족·의료진의 개인적인 증언이다.

우리는 이 사실적·경험적 유형의 자료 외에도 통증, 건강, 정상, 병리학 개념들에 대한 일반 철학의 고찰들을 볼 수 있다.

사실, 픽션은 실제로 병을 앓거나 치료하는 사람의 증언보다 이것저것 덜 구애받는다. 또한 문학 에세이는 철학적 성찰보다 덜 체계적이다.

어떤 철학자들은 그들이 몸담은 학문이 자연과학보다는 문학과 더 깊은 연관이 있다고 본다.[73]

지금까지는 그들의 입장에 일리가 있다는 확신이 없었다. 달리 말하자면, 픽션이나 문학 에세이 같은 우회적 방법이 사유에 충분히 유용하므로 철학적 탐구에서 이 방법을 동원해도 괜찮다는 확신이 없었다.

그런데 이 책을 쓰면서 정반대의 생각이 들었다.

픽션이나 에세이에서 내가 찾던 바를 가장 자주 발견할 수 있었기 때문이다.

문학은 중병을 바라보는 공통적인 시각 속에 얼마나 실존적 성찰이 깃들어 있는가를 보여 줄 뿐 아니라 그런 병에서 의미를 찾으려는 시도들이 결국 실패할 수밖에 없음을 보여 준다.

문학에 넘쳐 나는 이야기들은 인간 조건에 대한 거창한 주장들을 경계한다. 그렇기 때문에 묵직한 형이상학에 대한 면역력이 있다.

나는 '파토스'가 없는 이 모든 텍스트들을 생각한다. 그 텍스트들은 초연하다 못해 빈정대는 듯 보이며 자기 영합이나 자기 연민이라고는 눈을 씻고 봐도 찾을 수 없다. 그냥 한눈에 봐도 그런 텍스트들이 얼마나 많은지 모른다![74]

구글을 쓱 훑어보기만 해도 이러한 생각을 뒷받침하는 객관적 통계 값을 얻을 수 있다. '질병과 문학'으로 검색하면 200만 개 이상의 결과가 나온다.

최근 집계에 따르면, 암을 소재로 한 프랑스어 문학 작품 중에서 대중에게 괜찮은 호응을 얻었던 것만 해도 44종이다.[75]

물론 자료 더미를 분류하고 이 방대한 창작물들에 어떤 일관된 요소들이 있음을 보여 주는 방법은 여러 가지가 있겠다.

그중 나의 관심을 끄는 방법은 은유의 사용에 대한 것이다. 이런 식의 수사를 좋지 않게 말했던 수전 손택과는 달리, 나의 시선은 너그러운 편이다.

내가 보기에 일반적인 질병을 다룬 글, 특히 암에 대한 글의 상당 부분은 우리를 성장하게 하거나 파괴하는 '시험' 혹은 '도전'의 은유, 또는 자기 의지와는 상관없이 들어가게 되는 '왕국'의 은유를 중심으로 구성된다.

시험과 도전은 심리적인 은유다. 이 은유는 실존적 형이상학으로 가득 차 있다.

두 번째 은유는 순전히 사회적인 것으로서, 형이상학에 얽매이지 않는다.

그리고 세 번째 은유도 있다. 하지만 이 은유는 그렇게까지 만연해 있지 않다. 바로 '직업'이라는 은유다.

병자도 어느 정도 학습과 노하우를 갖춰야 하는 하나의 직업일지 모른다. '경력'을 관리하듯 하루하루를 조직력과 적극적인 계획으로 채워 나가야 하는 일인지도 모른다.

여타의 은유들이 그렇듯 '직업으로서의 질병'이라는 은유에도 한계는 있다. 이 비유는 일정한 관점 안에서만, 구체적으로는 일상생활의 짜임이라는 면에서만 유효하다. 이 비유를 직업의 모든 측면으로 확대해서 적용하려고 하면 우스워질 것이다.

직업은 소명이 될 수 있지만 병자가 된다는 것은 대개 소명으로 인정받을 수 없다. 어떤 직업에 종사하면 (원칙적으로) 돈을 받지만 병에 걸린다고 해서 돈을 받지는 못한다. 또한 병자가 되고 말고를 스스로 결정할 수도 없다. 혹은, 더는 병자 노릇을 하고 싶지 않다고 해서 사표 쓰고 때려치울 수도 없다. 이렇듯 직업으로서의 질병이라는 은유는 잘 들어맞지 않는 측면이 더 많다.

그렇지만 내가 이 은유를 선호하는 이유는 따로 있다. 이제 곧 그 이유들을 명쾌하게 밝혀 보겠다.

하지만 그 전에, 왜 나는 은유가 우리가 질병을 사유하는 방식에 걸림돌이 되지 않는다고 생각하는지 설명하고 넘어가겠다. 수전 손택이 그렇게나 열성적으로 격파하고자 했던 은유로서의 질병 말이다.

왜 은유인가?

수전 손택은 우리가 사용하는 은유들에 대한 의식을 고취하기를 바랐다.[76] 우리는 질병 얘기를 하면서 군사 관련 은유를 흔히 끌어다 쓴다. 또한 사회에 대한 사유에는 의료 관련 은유가 심심찮게 들어온다.

정치적 담론이든 예술적 담론이든 아주 대중적인 표현들에까지 이런 수사가 깊이 들어와 있음은 부인할 수 없다. 예를 들어, 발레리 동젤리 감독의 최근작에는 비장한 전운이 감도는 제목이 붙어 있다. 〈전쟁 선언La guerre est déclarée〉이라는 이 영화는 어린 아들의 뇌종양과 '싸워 이기기' 위해 부모가 펼치는 '총력전'을 다룬다.

암 같은 중병을 안고 사는 삶을 이야기하면서 군사적 은유를 끌어들이는 경우가 어디 이 하나뿐이겠는가.

손택은 과거의 결핵, 오늘날의 암이나 에이즈 같은 중병에 대한 우리의 지각과 이해가 영웅적인 이미지들로 점철되어 있다고 말한다.

환자는 포악한 침략자를 상대하는 한 사람의 병사처럼 싸운다, 용감하고 꿋꿋하게 싸워서 결국 승리를 얻는다, 대략 이런 식이다.[77]

게다가 손택이 지적했듯이 뻔뻔한 정치가들은 어떤 '사회 문제'에 대한 자기 입장을 인상적으로 남기기 위해서 의료 관련 은유를 거리낌 없이 선동적으로 사용하곤 한다.

그러한 은유는 아주 흔한 방법이고, 딱히 미국에서만 그런 것도 아니다. 프랑스에서 최근에 뜨거웠던 논쟁에서도 '사회 원조의 암' 같은 은유들이 얼마나 넘쳐 났던가를 생각해 보라.

수전 손택은 중증 질환은 그 원인이 밝혀지지 않았거나 효과적인 치료법이 아직 존재하지 않기 때문에 은유 활동이 특히 활발하게 일어난다고 보았다.

그러니까 손택의 원래 생각은 순전히 실용적인 것이었다. 그는 우리가 병을 찬양하거나 반대로 깎아내리는 이미지들에 구애받지 않을 때, 병을 좀 더 합리적으로 바라볼 때, '탈신비화'를 할 때에 병을 더 잘 극복할 수 있다고 보았다.

수전 손택이 은유를 질병과 관련해서만이 아니라 일반적으로 볼 때에도 불완전한 인식 도구로 간주했다는 점을 알아 두어야겠다.

은유라는 수사법은 모든 것을 그것과 '닮았다'고 간주되는 다른 것과 비교해서 생각하게 한다("이걸 보니까 그게 생각나" "꼭 그것 같구나" 등). 은유는 어떤 사물에서 다른 사물로의 이동transport이다. 은유métaphore는 그리스어에서 나왔는데 원래 이 단어는 그냥 '수송, 이동'이라는 뜻이다. 이 사실은 오늘날 아테네의 이삿짐 트럭에 쓰여 있는 단어만 보아도 확인할 수 있다.

그러니까 손택이 생각하는 은유의 문제점은, 이 수사법이 우리가 사물을 있는 그대로, '그 사물 자체로' 바라보는 데 외려 방해가 된다는 것이다.

하지만 그와 동시에 수전 손택은 이미지나 은유를 공유하지 않고는 세상에 대한 공적 표상에 도달할 수 없다는 점을 부정하지 않는다.[78]

손택이 과연 사회학자 로버트 니스벳Robert Nisbet이 주장하는 은유의 '인식론적' 공헌(다시 말해, 은유가 앎에 도움을 주는 부분) 자체를 단호히 거부했는지는 나도 잘 모르겠다.[79]

니스벳은 학문적 성격의 담론에서 은유의 사용을 전면 배제한다면 사회학 같은 학문 분과는 아예 존재하지도 못할 것이라고 했다.

> 은유를 어느 정도 사용하지 않는 인간 사유의 형식은 생각조차 하기 힘들다. 어떤 것을 그것과 비슷하면서 우리가 좀 더 잘 아는 다른 것과 비교할 때마다 우리는 은유를 쓴다. '인간 정신은 기계다' '사회는 유기체다' '우리 주는 전능한 성채요' 이런 표현들은 다 은유다. 은유는 문법상의 기법, 단순한 문채(文彩)가 아니다. 적어도 은유의 모든 측면을 고려했을 때에는 절대로 그렇지 않다. 은유는 인식의 수단이기도 하다. 가장 오래된 수단, 가장 깊이 뿌리내린 수단, 심지어 인류의 정신사에서 가장 필수 불가결한 수단이라고 말할 수도 있겠다.[80]

그러나 수전 손택은 곧잘 은유가 인간의 인식을 발전시키는 효과적인 수단이기는커녕 인식의 장애물이라고 보는 듯하다.

그렇다고 해서 손택이 자기 메시지를 전하는 과정에서 은유를 동원하지 않는 것은 분명 아니다(사실, 달리 어떻게 하겠는가?).[81]

그의 책은 시작부터가 중병을 기술하고 사유하는 방식에 가장 깊이 들어와 있는 이미지 중 하나를 끌어들인다. 그래서 여기서 질병은 '왕국'이 된다.

병자들의 왕국에서

수전 손택은 질병을 건강한 사람들이 거하는 나라와 차별화되는 어떤 나라에 비유한다.

그곳은 이상한 땅, 비싼 대가를 치르고서 속하게 되는 '왕국'이다.

> 사람들은 모두 건강의 왕국과 질병의 왕국, 이 두 왕국의 시민권을 갖고 태어난다. 아무리 좋은 쪽의 여권만을 사용하고 싶을지라도, 결국 우리는 저마다 차례대로, 우리가 다른 영역의 시민이기도 하다는 점을 곧 깨달을 수밖에 없다.
> 내가 묘사해 보고 싶은 건, 질병의 왕국으로 이주해 그곳에서 살아간다는 것이 과연 어떤 일일까 하는 게 아니다. 오히려 나는 이 왕국의 지형을 둘러싸고 날조되는 가혹하면서도 감상적인 환상을 묘사해 보고 싶다. 실제의 지리적 위치가 아니라, 이 왕국의 성격을 드러내 주는 그 상투성을.[82]

질병을 '왕국'으로 가리키는 이 은유는 새로운 것이 아니다. 16세기의 영국 시인 존 던John Donne도 이러한 은유와 거기서 파생되는 정치적 이미지들을 구사한다. "병이 내 안에 왕국을 세웠네. 비밀 무성한, 국가 기밀이 있는 제국을 세웠네."[83]

그렇지만 수전 손택은 '내부로의 침입,' 질병이 신체와 영혼을 식민화하는 양상을 묘사하기 위해 왕국의 은유를 사용한 게 아니다. 단지 중병에 걸리면 정신적·사회적 세계가 바뀐다는 것을 표현할 뿐이다. 병자는 갑자기 낯선 땅에 뚝 떨어진다. 그는 난데없이 '외부' 세계의 상징, 의례, 법칙을 발견하고 이해해야만 한다.

손택은 이러한 생각에서 출발하여 일련의 파생적인 이미지들을 전개한다.

질병이 낯선 땅이라면 그 땅으로 건너가 체류해야만 하는 자는 '여권'이 반드시 필요하다.

외국으로 '이주'하는 자에게는 결국 그 나라의 '시민'이 되고 말 확률도 있다. 그 나라의 '시민'이 된다는 것은 새로운 '국적'을 취득한다는 의미다.

최초의 은유에서 파생된 이미지들은 때때로 질병의 현실과 아주 먼 관계밖에 없는 담론들에까지 끼어든다. "병자들의 나라에 들어가기 위한 여권에 이제 막 사증(査證)이 찍힌 것 같다."[84]

크리스토퍼 히친스는 (나는 이미 체류 중이고) 우리 모두가 들어갈 수도 있을 이 가상의 나라에 기꺼이 '투모랜드Tumorland'[85]라는 이

름까지 붙여 주었다.

> 새로운 나라는 나름대로 상당히 친절하게 나를 맞이한다. 모두들 기운 내라는 미소를 지어 주는 이곳에 인종 차별은 전혀 없는 듯하다. 대체로 평등 정신이 지배적이어서, 이곳을 경영하는 사람들은 틀림없이 실력과 근면함으로 지금의 자리에 오른 것 같다. 반면 유머는 조금 약하고 반복적이며, 섹스에 대한 이야기는 거의 없는 것 같다. 그리고 음식은 내가 지금까지 가 본 곳 중에서 최악이다. 이 나라에는 자국 언어도 있다. 지루하고 어려운 이 언어에는 '온단세트론'(구역질을 억제하는 약물) 따위의 이름들이 포함되어 있다. 이 나라에는 또한 조금 익숙해지기 전에는 적응하기 힘든, 다소 불안한 행동들도 있다. 예를 들어, 처음 만난 관리가 내 목에 갑자기 손가락을 쑤셔 넣는 식이다.[86]

하지만 은유는 은유일 뿐이다! 은유를 문자 그대로 받아들여서 이렇게 묻는다면 얼마나 터무니없을까! "그 왕국의 국경은 어떤가요? 그 왕국의 문장(紋章)이나 유통 화폐는 어떤 거죠? 그 나라에서 왕이 되려면 어떤 자격을 갖추어야 합니까?"

은유가 명쾌하게 밝혀 주는 부분이 있는가 하면 은유가 낳는 혼란도 있다. 그래서 은유가 가르쳐 주는 바가 무엇인지 분명히 짚고 넘어가야 한다.

가령 왕국의 은유는 질병의 '사회적' 성격을 분명히 파악할 수 있다는 점에서 도움이 되는 바가 있다.

실제로 이 은유는 병에 걸리면 다른 나라로 건너가게 된다고 넌지시 암시한다. 그 나라와 건강한 사람들이 사는 나라는 그 안에서 통용되는 규칙, 규범적 기대, 권리, 의무가 다르다.

질병의 사회적 측면에 초점을 맞춘다면 왕국의 은유 하나로 쉽게 파악되는 담론들이 아주 많다. 가령 병자가 바라보는 자기 자신, 개인적 정체성의 혼란, 자신에게 일어난 일에서 심오한 의미를 찾으려는 태도에 대해서.[87]

그런데 형이상학적 질문들을 감당할 만한 은유는 따로 있다. 시험 혹은 '도전'의 은유가 바로 그것이다. 질병을 다루는 이야기들에서 이 은유는 왕국의 은유 못지않게 흔하다.

질병이라는 거대한 도전

'도전'의 은유는 중증 질환을 우리를 더 성장시키거나 파멸시키는 일종의 시험처럼 제시한다.

왕국의 은유와 달리, 이 은유는 사회적이라기보다는 심리적이고, 공간적이라기보다는 시간적이며, 객관적이라기보다는 주관적이다.

내가 거창한 표현을 좋아하는 사람이라면 왕국의 은유는 우리를 내재immanence의 공간에 남기지만 도전의 은유는 중증 질환이 우리를 투사한다고 하는 초월성의 형태들을 보여 주고자 한다고 말할지도 모르겠다. 자기가 정확히 무슨 말을 하는지도 모른 채 허세를 부린다면 말이다.

하지만 나는 무엇보다, 내가 못마땅하게 생각하는 고통효용론이 도전의 은유에서 가장 영감을 얻는다는 사실에 주목한다.

마르셀린 로리당이벤스Marcelin Loridan-Ivens[88]의 다음 글에서 도전의 은유는 명백히 드러난다.

> 사람은 고통을 크게 겪고서 단단해진다. 돌처럼 완강해진다. 다시 한 번 살아 보려면 이 완강함을 의식하고 싸워야 한다. 하지만 모진 건 차라리 낫다. 그 싸움이 굉장히 오래가고 치열해질 수도 있다. 남들에게나 자기 자신에게나. 그것은 하나의 여정이다. 그 여정을 따라가면 자신과 남들을 좀 더 통찰하게 되고 좀 더 너그러워진다.[89]

암 투병 경험을 다룬 책 중에서 가장 잘 알려진 축에 드는 프리츠 초른의 작품에서도 도전의 은유는 시종일관 맥락을 같이한다.

'긍정심리학'에서 비롯한 분석들의 기저에도 이 도전의 은유가 깔려 있다. 도전의 은유는 그 분석들을 밋밋하게 만들고 개인의 정체성, 영혼과 육신의 관계, 인간의 유한성에 대한 직시, 고통의 유익, 고통이 생에 부여하는 의미 등에 대한 기존의 형이상학적 질문들을 답습한다.

"암이라는 경험은 인생을 배우는 도가니와도 같다."[90]

이 허울 좋은 문장에서 '인생을 배운다'는 말은 유구한 철학의 전통에서 으레 말하는 '죽음을 배운다'는 뜻과 다르지 않다.

> 이승의 삶은 여러 면에서 죽는 법을 배우는 것이다. 비단 신체적 죽음의 위협만 두고 하는 말이 아니라, 사람이 암에 걸리면 아주 많은 것을 뒤로 남겨야 한다. 그의 인생에서 많은 것이 바뀔 것이요, 때때로 어떤 것들은 포기해야 할 것이다.[91]

그러므로 암이라는 현실은 서로 다른 두 가지 의미에서 우리에게 '죽음을 가르쳐 주는' 효과가 있겠다. 신체의 죽음을 준비한다는 의미에서, 그리고 지금까지 영위해 왔던 삶을 점증적으로 단념한다는 의미에서.

그러나 그 두 의미는 서로 별 상관이 없다. 후자는 완전히 지상적인 의미로서, 전자의 고차원적이지만 완전히 명확하지는 않은 의미와 자못 동떨어져 있다.

유언 공증 문제, 장례 문제를 떼어 놓고 본다면 '죽을 준비를 하다'는 것은 정확히 뭘 의미하는 걸까?

은유의 선택

우리가 제기할 수밖에 없는 형이상학적 질문들에 대해 고통효용론에 기대어 대답하고 싶지 않다면 적어도 도전의 은유보다는 왕국의 은유, 직업의 은유를 택하는 편이 낫겠다.[92]

사실, 도전의 은유만이 질병을 좋은 것으로, 이를테면 개인성을 말살하는 사회적 역할에서 벗어날 기회로 보게 한다.

프리츠 초른이 우리와 공유하고자 했던 감정이 바로 이것이다. 우리는 그를 좇아 질병에 무슨 해방적 기능이 있는 것처럼 생각하지 않더라도 그의 자전적 소설에서 빛나는 블랙유머와 문학적 가치는 높이 평가할 수 있다.

9

공포를
퍼뜨리는 단어

내가 암에 걸렸다고 알려 준 의사는 내 앞에서 절대로 '공포를 퍼
뜨리는 단어'를 입에 올리지 않았다. 사람들은 흔히 이 표현이 라
퐁텐에게서 유래했다고 생각하는데 엄밀히 따지자면 사실이 아
니다.[93]

의사는 나에게 검사 결과를 읽어 주었다. 거기에는 내가 '췌장낭
성선암종'을 앓고 있다는 결론이 기재되어 있었다. 이게 무슨 뜻인
지 해독할 책임은 나에게 주어졌다.

이 학술 용어는 충분히 일상의 말로 옮길 수 있다. 의사는 그냥
내가 췌장관 입구에 암이 생겼다고 말했어도 됐다.

하지만 의사에겐 그럴 뜻이 없었다.

그는 '암'이라는 단어를 쓰지 않으면서 '췌장낭성선암종'이 무
엇인지 설명하느라 언어 곡예를 구사해야만 했다.

나는 한참 후에야 파리 대형 병원 종양학과에서 전달받은 그 오탈자투성이 보고서에 '암'이라는 단어가 한 번도 나오지 않는다는 것을 알아차렸다.

전문가들에게는 이 단어가 지나치게 일반적이고 막연해서 과학적 가치가 의심스러울지도 모르겠다. 우리가 '암'이라는 단어로 한 바구니에 싸잡아 넣는 오만 가지 질병들이 언젠가는 대단한 공통점이 없다고 밝혀질 수도 있다.[94]

> 그렇지만 히포크라테스가 '카르키노스karkinos'라는 총칭을 부여한 지 35세기가 지났는데도 현대 종양학은 암의 분류학에 관한 한 별다른 진전을 보이지 못한 것 같다. 오르만의 림프종과 소렌슨의 췌장암[95]은 둘 다 '암'이고 둘 다 세포의 이상 증식이기는 하나 질병의 성격이나 진행 과정은 매우 다르다. 이처럼 서로 다른 병을 '암'으로 통칭하는 것은 시대착오적이라는 생각마저 든다. 마치 옛날에 뇌혈관 질환, 출혈, 간질 발작 따위를 다 뭉뚱그려 '졸중apoplexia(갑자기 쓰러진다는 뜻―옮긴이)'이라고 불렀던 것처럼 말이다. 히포크라테스처럼 우리도 모든 종류의 종양을 하나로 싸잡아 취급했던 것 같다.[96]

그럼에도 불구하고 나는 '암'이 그처럼 고매한 인식론적 이유에서 나의 공식 질병 보고서에 등장하지 않았던 것은 아니라고 본다.

더욱이 '암'이라는 명칭으로 분류되는 질병들의 동질성 혹은 환원 불가한 개별성에 대해서도 지금은 어느 정도 가닥이 잡혔다.

1960년대에 화학 요법이 등장하면서부터, 다시 말해 항암제를 사용하게 되면서부터, 암 치료 분야에는 놀라운 변화가 일어났다. 초기에는 이 요법을 환자에게 시행하기를 꺼리는 의료인들도 많았다.

화학 요법이 도입됨으로써 수술이라는 근본 치료는 고대부터 줄곧 차지했던 특수한 위상을 잃어버렸다고 해야 할 것이다.[97]

따라서 이 새로운 치료 프로젝트를 지지하는 주창자들이 의료계라는 바닥에서 그리 열렬한 환영을 받지 못했던 것도 당연하다.

더욱이 1960년대에는 의료 전문가들조차 '암'으로 분류되는 여러 질병들의 동질성을 전혀 의심하지 않았던 모양이다.

> 순진해서든 다른 이유에서든, 암을 다양성보다는 단일성으로 파악하려는 이 과장되고 흔들림 없는 믿음, 이 혼합물이 1960년대에 래스커파[98]를 날뛰게 한 원흉이었다. 종양학은 통합적인 진리를, 1962년에 파버가 썼던 표현을 빌리자면 일종의 '보편 치료'를 찾고 있었다. 1960년대의 종양학이 모든 종류의 암에 공통적으로 적용될 수 있는 치료법을 꿈꾸었던 이유는 암이라고 부르는 질병들은 모두 기본적으로 같은 것이라는 믿음이 있었기 때문이다.[99]

오늘날의 학계는 '암'으로 통칭되는 질병들의 동질성 혹은 다양성에 대해서 훨씬 다채로운 의견들을 품고 있는 듯하다.[100]

어쨌거나 암이라는 단어가 문외한들에게는 여전히 어떤 공포를 불러일으킨다는 점만은 확실하다.[101]

질병에 대한 대중의 인식을 다룬 최근의 연구를 봐도 사람들이 여전히 암을 무서워한다는 현실을 확인할 수 있다.[102] 그동안 수많은 캠페인들에서 암을 그리 드물지 않은 병으로 소개하고 치료 가능성을 강조해 왔는데도 말이다.

아마도 이런 이유에서 어떤 이들은 암을 '중증' 혹은 '장기' 질환으로 에둘러 말하거나, 일반인은 이해하기 어려운 '췌장낭성선암종' 같은 전문 용어를 써서 지칭하는 편이 정치적으로나 도덕적으로 더 '올바르다'고 생각하는 모양이다. 또한 '암 의학'이라고 하지 않고 '종양학' 같은 용어를 쓰는 것도 같은 맥락으로 봐야 할 것이다(종양학 oncologic이라는 단어는 그리스어로 '덩어리, 혹'을 뜻하는 '온코스 onkos'에서 유래했다).

물론 암에 대한 인식에도 변화는 있었다. 암에 걸려도 치료를 잘하면 살 수 있다는 생각이 확산되었기 때문이다.[103]

그러나 이처럼 의식이 고취되었다고 해서 암이 불러일으키는 두려움과 이 병에 결부된 어이없는 편견까지 사라지지는 않는 듯하다(가령, 암 환자가 병을 옮기기라도 하듯 기피하는 태도라든가[104]).

2012년에 보건예방교육연구소INPES에서 구현한 '암 척도 지표'에 따르면 프랑스인의 70퍼센트는 가장 무서운 병으로 맨 먼저 암을 꼽았다. 게다가 "암은 다른 질병들과는 다르다"고 답한 사람도 66퍼센트나 되었다.[105]

그렇지만 암의 심각성이나 치명성이 이 병이 '다른 질병들과는 다른' 이유로 충분하다고는 할 수 없다.

이를테면 심장마비는 암보다 결코 덜 심각하지 않으며 발작이 일회성이 아니라면 사망률도 암보다 높으면 높았지 결코 낮지 않다.

그렇지만 의사가 환자에게 심장병이 있다는 얘기를 빙빙 돌려서 전달하지는 않는다. 반면 암 환자에게는 분명히 의료진이 에둘러 말하는 경향이 있다.

수전 손택도 심장병 환자에게는 병명을 두고 거짓말을 하지 않지만 암에 걸린 사람에게는 진실을 숨기는 경향이 있다고 지적한다. 여기에는 이 질병이 음란하다는 이유도 있다고 한다. "'음란'이라는 단어의 원래 의미 그대로, 이 질병은 불길하고 혐오스럽고 비위 상한다는 것이다."[106]

손택은 과거에 결핵이라는 병은 사실상 '낭만적인' 이미지와 결부되었지만 암은 그렇지도 않다고 지적한다.

또한 어원을 살펴보면 알 수 있듯이 처음에는 이 두 질병이 뚜렷하게 구분되지도 않았다고 말한다.

'암cancer'이라는 단어는 '게'를 뜻하는 그리스어 '카르키노스

karkinos'와 라틴어 '칸세르cancer'에서 왔다. 아마도 암세포가 증식하면서 환부가 돌출하는 모양새가 게 다리와 비슷하게 보여서 이런 명칭이 붙었을 것이다.

'결핵tuberculose'도 '종기, 혹'을 뜻하는 라틴어 '투베르쿨룸tuberculum'에서 왔는데 덩어리의 형성, 병적으로 불거져 나온 부분을 지칭한다는 점은 마찬가지다.

수전 손택은 19세기까지 결핵이 오늘날의 암과 비슷한, 즉 신체를 망가뜨리는 세포들이 속에서 증식하는 병으로 여겨졌다고 말한다.

그렇지만 늘 그렇듯 공통의 어원이 우리를 골탕 먹이는 법이다.

그런 점에서 장 폴랑Jean Paulhan을 언급하지 않을 수 없다. 폴랑은 어원을 통한 설명의 허세를 재기발랄하게 비판할 수 있었던 사람이다.

나는 그가 아무리 냉소적으로 비판을 했어도 철학자들이―특히 하이데거에 매료된 철학자들이 그렇다 ― 어원을 끌어다가 논증을 펼치는 취미를 버리지 못할 것임을 잘 안다.

그렇지만 폴랑의 유쾌한 지적은 설득력이 차고 넘친다.

우리가 다음과 같은 것을 안다고 하자. '수sou(푼돈)'가 '금화soldus'에서 유래했고 '준장, 장성maréchal'은 원래 '마구간 하인mariscalcus'이었으며 '병사soldat'가 '돈에 팔려

온 용병soldato'이고 '손님invité'이 '침해를 당한 자, 마지못
한 자invitus'를 뜻한다는 것을 안다고 해도, 또 그리스도인
chrétien과 백치crétin가 한 단어에서 유래했다는 것을 안다
하더라도, 우리가 수, 준장, 병사, 손님, 그리스도인에 대해
서 더 많은 것을 알게 되지는 않는다. 오히려 덜 알게 된다고
해야 할지도 모르겠다.[107]

　공통의 어휘 때문에 혼동되는 두 질병은 결핵이 세균성 질환이
고 암은 세포의 비정상적인 활동이기 때문에 공통점이 별로 없다
는 사실을 인지한 순간부터 더 이상 헷갈릴 일이 없다.
　그리고 바로 이 순간부터 두 질병에 대한 대중의 생각, 이 병들
에 결부된 대중의 환상은 완전히 다른 길로, 종종 아예 정반대의
길로 나아간다.
　문학은 결핵을 연령과 사회적 여건을 막론하고 누구나 걸릴 수
있는 병처럼 묘사한다(그래도 극빈층이 가장 걸리기 쉬운 것으로 나오긴
한다). 반면, 이렇게 말해도 될지 모르겠지만 암은 살 만큼 살아 본
사람, 사회적 여건이 그리 열악하지는 않은 사람 들이 주로 걸리는
병으로 묘사된다(톨스토이의 이반 일리치[108]만 봐도 그렇다).
　결핵 환자는 공기가 좋은 곳에서 지내야 한다고 했다. 그래서 산
속이나 사막으로 요양을 보내곤 했다. 환자를 치워 버리려는 뜻(환
자가 혐오감을 자아내거나 병을 옮길 수 있다는 이유)에서가 아니라 건강

상태를 개선해 보려는 뜻에서 말이다.[109]

암 환자에게는 이런 유의 환상이 적용되지 않는다. 환경 공해가 발암과 관련이 있다는 얘기가 점점 더 많이 나오고 있는데도 말이다.

암의 경우 믿을 만한 환경의 '녹색' 지대에 위치한 요양원이나 그 밖의 생활 공동체에 환자를 입소시키는 방법이 즉각적인 치료책으로 간주되지 않는다.

암 환자들에게는 '마의 산'이 없다. 고급 호텔보다는 음울한 양로원을 더 닮은 암 병동이 있을 뿐이다.[110]

10

애도의 5단계,
'뉴에이지적' 환상

암의 부정적인 이미지를 감안했을 때 충분히 예측할 수 있던 바와 달리, 나는 '췌장낭성선암종'이라는 진단을 받고도 비교적 덤덤했다.

나는 졸도하지 않았다. 경악이나 절망에 못 이겨 비명을 지르지도 않았다.

실존적 의문은 전혀 떠오르지 않았다. '왜 하필 나야?'라는 생각도, '내가 뭘 잘못했다고 이런 병에 걸리나?' 혹은 '내가 도대체 속으로 뭘 억누르고 살아서 이 지경이 됐나?' 등의 생각도 들지 않았다.

내 인생은 망했구나, 2022년 카타르 월드컵은 못 볼지도 모르겠구나, 생각하면서도 자기 연민이라고는 눈곱만큼도 들지 않았다.

그렇다고 해서 프리츠 초른 식의 은근한 기쁨을 느꼈던 것도 아니다.

프리츠 초른은 암에 걸렸다는 말을 듣자마자 자신에게 일어날 수 있는 최고의 일이 일어났다고 생각했다고 한다.

> 말하자면, 암의 문제는 이중적으로 제시된다. 암은 일단 내가 죽을 수도 있는 신체 질병이다. 그렇지만 나는 이 병을 이기고 살아남을지도 모른다. 다른 한편으로, 암은 영혼의 병이다. 그러므로 나는 이 한 가지만은 말할 수 있다. 이건 마침내 널리 드러난 기회다. 내가 그리 기쁘지 않은 삶을 사는 동안 가족들에게 받았던 모든 것으로 내가 이뤄 낸 가장 똑똑한 일, 그건 바로 내가 암에 걸린 거다.[111]

감정의 혼란

나는 조르주 베르나노스의 『어느 시골 신부의 일기』의 주인공처럼 충격에서 헤어나지 못하고 멍해 있었던 것도 아니다. 이 신부는 앙브리쿠르라는 음울한 마을에서 교구민들을 돌보던 중에 자기가 암에 걸렸다는 사실을 알게 된다.

> 그가 말을 다 맺기도 전에 나는 벌써 산 자들 속에 끼여 있는 한 죽은 자에 불과했다. 암… 위암…. 이 단어 자체가 생경하게 들렸다. (…) 나는 깊은 생각에 골몰한 나머지 얼굴이 창

백해지지도 않았던 것 같다. (…) "얼마나 더 견딜 것 같습니까?" 내 목소리가 떨리지 않았기 때문에 의사는 내가 충격받지 않았다고 오해한 것 같다.

아아, 나의 침착함은 그저 실성에 가까운 멍함에 지나지 않았건만! 전차가 땡땡 종을 울리며 지나가는 소리가 똑똑하게 들렸다. 내 머릿속에서 나는 이 불길한 집 문턱까지 나와 있었고 바쁜 군중 틈으로 섞여 들고 있었다. (…) 하느님께서 나를 용서하시기를! 나는 '그분'을 생각하고 있지 않았다. (…) 여전히 멍하니 허탈한 상태였다. 도대체 무슨 끔찍한 이변으로 이런 상황에서 천주의 이름조차 잊었는지, 아무리 몸부림을 쳐도 나 스스로는 결코 해명하지 못하리라는 것을 나는 잘 안다.[112]

분노

의사는 진단을 내리고 나서 앙브리쿠르 본당 신부에게 처방전을 준다. 그러나 신부는 자신을 '태연자약하게 처단해 버린 이 초면의 사람에게 분노와 반항이 치미는 것을 억제하지 못했는지'[113] 그 자리에 못 박힌 것처럼 꼼짝도 할 수가 없다.

베르나노스는 독자가 일기를 읽는 것 같은 느낌으로 주인공의 생각, 욕망, 감정을 꿰뚫어 보면서 죽을병을 선고받는 순간의 감정적 혼란, 만감이 교차하는 기막힌 기분을 접하길 원했다.

스토아주의적인 태도, 침착하고 초연한 태도를 보여도 좋다. 우리 사회에서는 그런 태도가 가치 있는 것으로 여겨지니까. 그렇지만 머릿속에서는 서로 연결 고리도 없는 감정들이 미친 듯이 널을 뛴다. 얼떨떨함과 분노, 경악과 반발심, 혈기와 체념 등등.

장기 중증 질환을 선고받은 사람들의 반응에는 그들의 사회적 여건이 중요한 역할을 하는 듯 보인다.

살기 위해, 혹은 그저 생존을 위해 몸을 쓰거나 힘든 일을 해야 하는 사람들은 '결과'에 초점을 맞추려는 경향이 있다. 오랫동안 일을 쉬면 매우 비극적인 상황이 닥칠 수도 있기 때문이다.[114]

그런 사람들이 장기전이 예상되는 중증 질환을 선고받으면 당연히 미래에 대한 불안에 시달릴 것이다.

신체 상태에 크게 좌우되지 않는 일을 하거나, 일을 하지 않아도 (일을 좀 줄여도) 당분간 먹고사는 데 지장이 없는 사람들에게는 암 선고가 이런 유의 비극적 성격은 띠지 않는다.

중산층이나 상류층에 속하는 환자의 걱정은 거의 전적으로 자신에게 남은 '삶의 질,' 개인적 계획을 실현하거나 사회생활과 가정생활을 충분히 누릴 수 있는 '삶의 양'일 것이다.[115]

그는 이제 건강을 단순한 '도구'로 보지 않을 것이다. 그 전까지 건강은 그가 일을 하거나 기본 욕구를 채우기 위해 활용하는 도구였다. 그러나 이제 건강은 자아 성취에 꼭 필요한 조건이자 쾌락의 원천이 되었다.

논리적으로 따져 보건대, 서민층에게 질병은 경제적 위협이고 중산층과 그 위 계급에게는 개인의 행복을 가로막는 장애물 비슷할 것이다.[116]

극도로 순응적으로 살아온 가족 구성원들의 경우 중병을 선고 받고서 숨 막히는 사회적 의무들에서 벗어났다는 느낌, 축복과도 흡사한 안도감마저 느낀다고 한다(프리츠 초른의 소설 『마르스』에서 화자가 느낀 감정도 이 경우에 해당하겠다).

어쨌든 간에 어떤 질병사회학자, 의료사회학자 들은 언제나 개인이 사회 환경과 맺는 관계를 표현한 개념들과 결부해 환자의 경험이 의미를 띠게 되고 그의 행동 방향이 정해진다[117]고 본다.

이 학자들의 조사에 따르면, 환자는 "그가 영위하던 활동을 박탈당하면서부터 질병을 '파괴적인' 것으로 경험한다. 여기에는 타자들과의 관계 파괴, 다양한 기존 역할과 능력의 상실이 수반된다. 그는 사회적 편입과 불가분의 관계에 있었던 자기 정체성을 회복할 가능성을 보지 못한다. 그래서 안간힘을 다해 그 같은 상황과 맞서 싸우고, 필요하다면 병의 존재마저 부정할 것이다. 반면, 자신의 개인성을 억누르던 사회적 역할을 회피할 가능성이 질병으로 인해 생긴다면 질병을 오히려 '해방'처럼 여길 수도 있다. 이런 의미일 때 질병은 파멸의 연속을 나타내기는커녕 '진정한 삶의 의미'를 찾아 준다. 사회적 차원에는 존재하지 않는 삶의 의미 말이다. 병은 어떤 계시의 가능성, 나아가 자기 초월의 가능성을 제시한다. 마지막으로, 중증 질환을 경험한 일부 사람들에게는 병이 일종의 '직업'이다. 이들의 경우에는 병이 자기 이미지를 근본적으로 변화시키지 않는다. 그들은 병마와 싸움으로써 자기 역할을 인정받고 사회적 정체성을 보존한다. 투병은 그들의 삶에서 핵심 요소, 어엿한 직업 활동, 조금 특수하긴 하지만 확고한 사회적 편입 기반에 상응한다."[118]

그렇지만 부자든 빈자든 건강과 질병에 대한 생각에는 어느 정도 비슷한 부분이 있다고 보는 편이 현실에 더 가깝지 싶다. 어쨌거나 부자와 빈자가 완전히 분리된 사회적 풍토에서 살아가는 것은 아니니까. 그들이 어떤 기준, '가치,' 실존적 불안을 공유하지 않는다고 생각한다면 터무니없다.[119]

내 일이 아닌 것처럼

내 경우에는, 암 선고가 내 일이 아닌 것처럼 반응하는 기분이 들었다.

일단 우리 가족 중에는 암으로 죽은 사람이 아무도 없었다는 얘기를 해야겠다.

나의 조상들은 주로 유대인 박해 때문에, 혹은 '정결한' 음식을 먹지 않았다든가 십계명 중 하나를 어겼다는 충격으로 심장마비를 일으켜 세상을 하직했다.

의학에 심히 무지한 나는 암은 대개 유전적 요인에서 비롯하는 거라고, 나는 가족력이 없으니까 암에 걸릴 리 없다고 생각했다.

그러나 나에게 병명을 일러 주는 의사가 때 아닌 만우절 농담(더욱이 악취미의 농담)을 하는 것 같지는 않았다.

의사는 부정확한 것, 무지, 태도를 도덕적 문제로 간주할 만한 사람이었다.

나는 곧바로 의사와 척지지 않으려고 그의 진단이 의심스러웠음에도 일언반구 하지 않았다.

사실, 검사 결과에는 의심을 품을 여지조차 없었다.

긴 침묵이 흐르는 동안 벌써 내 장례식을 지켜보는 기분이 들었다. 의사가 이윽고 나에게 치료 계획을 제시했다. 내가 이 병을 극복할 기회를 잡고 싶다면 대수술을 받아야 한다나. 수술로 없애야 할 암의 명칭보다 그 수술 명칭이 더 복잡하고 어려웠다. '췌두십이지장절개술'이라나 뭐라나.

스크래블 게임을 할 때처럼 그 단어를 암기하려고 노력했지만 내 머리는 말을 듣지 않았다.

어쨌거나 전문가들이 DPC라고 약어로 말해 준다면 기억하기도 쉽고 불안감도 덜할 것이다. 그 약어가 무엇을 지칭하는지는 금세 잊어버릴 수 있으니까.

의사는 내 상태를 똑바로 알려 주기 위해서 자기 책상에 널려 있던 구겨진 종이 한 장을 집어 들더니 문제의 소화 기관을 대충 그리고 발병 부위에 십자를 그었다.

나는 췌장을 대신하는 표현으로 수담관, 바터 팽대부, 비르숭관 등이 있다는 것을 알았다.

내 경우 (아직 한동안은) '십이지장'이 있으며 사람은 쓸개가 없어도 얼마든지 살 수 있다는 설명을 들으면서 나는 감동했다.

의사는 일말의 불안감도 내비치지 않으면서 복잡하고 까다로운 게 분명한 수술 얘기를 계속했다. 그는 암이 발생한 부위를 빨리 잘라 내야 한다고, 그다음에 남은 부분을 잘 이어 붙여야 한다고, 수술이 매번 성공하는 것은 아니라고 했다.

조수는 의사가 그린 그림을 홀린 듯 들여다보았다. 마치 그 기관과 분비선을 처음 보기라도 하는 것처럼.

나는 사실 듣고 있지도 않았다.

나는 보는 척하고 있었다.

『어느 시골 신부의 일기』에서 앙브리쿠르 본당 신부가 그랬듯 '천주의 이름조차 잊어버릴 정도로' 정신이 딴 데 팔렸던 것은 아니다.

단지 그러한 해부학적 정보는 식후에 듣는 지리학 수업처럼 지루하기 짝이 없었다.

의사는 엄격한 표정으로 계속 우물거렸다. 내가 병원에 아주 오래 있어야 할 거라고, 일이 잘 풀리더라도 회복기가 짧지는 않을 거라고 설명했다.

모든 게 비현실적으로만 느껴졌다.

닥터 하우스 vs. 애도의 5단계 이론

나는 내 반응이 내게 그나마 남은 자존감을 챙길 수 있을 만큼 예외적이었다고 생각하고 싶지만 일부 심리학자들, 자칭 나쁜 소식 관리 전문가들은 절대로 그렇게 생각하지 않을 것이다.

나쁜 소식 관리 전문가들은 중증 질환, 임박한 죽음, 급작스러운 해고, 소중한 이의 죽음, 옥살이 같은 법적 제재 등 다양한 종류의 악재를, 따라서 매우 광범위한 영역을 책임지느라 애쓰고 있다.

엘리자베스 퀴블러 로스를 위시한 이 전문가들은 임상적 관찰들을 통하여 중증 질환이나 불치병에 걸렸다는 말, 혹은 그에 상당하는 비극적인 소식을 들은 사람이 애도의 다섯 단계를 거친다는 이론을 끌어냈다. 부정(나에게 이런 일이 생길 리 없어, 뭔가 착오가 있을 거야), 분노(어떻게 이렇게 부당한 일이 생길 수 있어, 나에게 병명을 고지한 의사는 냉랭하고 가학적이고 아무것도 이해 못해), 협상(마리화나를 끊겠어, 밑 빠진 독처럼 술 퍼마시던 것도 이제 끝이야, 의사 말을 잘 들을 거야, 먹으라고 한 약은 꼬박꼬박 먹겠어, 그러니까 내가 최대한 오래 살 수 있도록 너희도 최선을 다하란 말이야!), 우울(이런 거 난 몰라, 어쨌거나 아무 의미도 없고 중요하지도 않은 일이야), 수용(팔자라면 할 수 없지, 차분하게 받아들이자)이 그 다섯 단계에 해당한다.[120]

나는 내가 독특하다고, 스토아주의의 모범이라고 생각했지만 실은 그저 1단계(부정)에 있었거나 게으른 학생처럼 앞 단계들을 건너뛰고 이미 4단계(우울)로 가 있었던 모양이다.

소위 '애도의 5단계' 이론은 대중적으로 굉장히 인기가 좋다.

이 이론은 〈심슨〉, 〈닥터 하우스〉, 〈그레이 아나토미〉에도 나왔다. 밥 포시Bob Fosse의 영화 〈올 댓 재즈〉에서는 몇 번이나 언급된다. 여기서 구닥다리 배우가 흥겨운 '원맨쇼'로 애도의 5단계 이론을 멋지게 구현해 보인다.

이 이론이 비록 최고로 인기가 좋은 TV 드라마와 흥행 영화에서 중요한 철학적 기반 역할을 하기는 했으나 반박에 부딪히지 않는 것은 아니다.

그중에서도 닥터 하우스의 반박은 가장 화끈하게(그리고 가장 재미있게) 들린다. "그런 건 '뉴에이지' 개소리야."[121]

그렇지만 애도의 5단계 이론을 진지하게 받아들이는 사람들은 단지 이 이론이 일반화가 지나치다는 점만을 비판한다. 더욱이 이 이론의 주창자들도 나쁜 소식을 접한 사람들이 모두 이 다섯 단계를 순서대로 거치는 것은 아니라고 인정했다.

어쨌거나 이 5단계 도식이 모든 사람에게, 즉 연령, 성별, 사회적 여건, 이른바 '문화적' 측면에서의 생활 양식, 각자의 개인사를 막론하고 무차별적으로 적용된다고 믿기는 어렵다.

그렇지만 심리학의 고유성은 예외나 변수를 무릅쓰고서라도 그러한 사회학적 구분들을 뛰어넘어 유효한 일반 명제들을 수립하고자 노력하는 데 있지 않은가.

사실 내가 가장 유감스러운 것은 이 이론이 우리가 나쁜 소식을 들을 때 느끼는 감정들을 완전히 서로 별개인 것처럼, 마치 감정들이 하나하나 정해진 순서대로 찾아오는 것처럼 기술했다는 데 있다.

복합적인 감정

실제로 감정들의 '혼합' 가설을 배제해서는 안 된다. 우리는 나쁜 소식을 고지한 의사에게 분노하거나 증오심을 느끼면서도 그토록 공격적인 감정을 오랜만에 느껴 보는 쾌감을 맛볼 수도 있다.

아리스토텔레스는 우리에게 못되게 군 사람의 죽음을 생각하면서 느끼는 쾌감이 '꿀'처럼 달다고 했다.[122] 분노나 증오 같은 부정적 감정에 그토록 다디단 쾌감이 수반될 수도 있는 것이다.

감정의 역학

우리에게 '메타 감정,' 다시 말해 우리의 감정에 대한 감정이 있다는 사실을 염두에 두어야 한다. 그래서 감정의 '역학'이라고 할 만한 것이 나올 수 있다.[123]

죽을병을 선고받은 사람은 그 소식을 전한 자에게, 자신이 진료실에서 나오는 장면을 목격한 모든 사람에게 함부로 하고픈 충동이 든다.

너무 바빠서 내 질문에 응할 겨를이 없는 병원 직원, 나를 집까지 태워 주면서 관련 서류를 작성하려면 귀찮다고 툴툴거리는 환자 운송 택시 운전사,[124] 일 처리가 느려 터진 데다가 꼬치꼬치 질문이 많은 약사 등등.

그리고 건강하고 행복해 보이는 모든 이에게 질투 비슷한 감정을 느낄 수도 있다.

그렇지만 결국은 우리 안에서 그런 폭력성을 느끼고 심히 부끄러워지기도 한다.

수치심으로 과격한 분노나 질투를 다스릴 수 있다는 사실에서 일종의 평정심 혹은 자기만족을 느낄 수도 있겠다.

감정의 역학은 이를테면 분노, 우울, 수치심, 기쁨, 평정심을 뒤섞어 놓는다고 하겠다. 애도의 5단계 이론이 주장하는 바와 달리, 그런 감정들은 결코 뚜렷이 구별되지 않는다.

내가 보기에는 감정의 역학이라는 개념이 감정의 혼란, 그 '혼합된' 성격을 폭넓게 고려한다는 점에서 철학적으로 더 설득력 있고 암 선고를 받았을 때의 내 반응과도 더 잘 맞아떨어지는 것 같다.

게다가 애도의 5단계 이론을 떠받치는 정서적·인지적 반응들의 목록이 그 자체로 완전하다고 볼 필요도 없다. 그 도식을 벗어나기만 하면 또 다른 반응을 얼마든지 찾아낼 수 있을 것이다. 공포, 자기를 위한 근심, 우리가 죽고 난 후에도 계속 살아가야 할 사람들 걱정, 수치심, 질투, 죄의식 등등.

의료 부권주의에 힘을 실어 주는 애도의 5단계 이론

애도의 5단계 이론에는 순전히 이론적인 단점만 있는 게 아니다.

이 이론에는 의료 부권주의를 강화할 수도 있는 요소들이 포함되어 있다.

실제로 5단계 이론은 의료진이 이 도식에서 벗어나는 환자에게 그가 '정상적으로' 혹은 '자연스럽게' 행동하고 있지 않다는 생각을 불어넣을 빌미를 제공한다. 환자가 마땅히 그래야 하는 방식대로 질병을 받아들이지 않았으니 바로잡을 필요가 있다는 식이다.

요컨대, 애도의 5단계 이론을 중증 질환을 선고받은 사람의 반응을 해석하기에 가장 적합한 틀로 진지하게 받아들이는 임상의학자들은 이 도식에서 어긋나는 반응을 보이는 환자를 '비정상적인' 사람으로 취급할 위험이 있다.

그리고 환자 쪽에서도 의료진에게 '정상인' 대우를 받고 싶다면 이 도식에 부합하는 행동을 하는 편이 좋을 것이다.[125]

11

두번째의견의
철학

암 수술 날짜는 2013년 6월 5일로 잡혔다. 나는 수술을 앞두고서도 여기저기 그놈의 '두 번째 의견'[126]을 들으러 다녔다. 의료 부권주의가 심한 의사들, 혹은 의료 부권주의와 무관하게 자기 진단에 대한 의심을 기분 나빠 하는 의사들이 짜증스러워하는 바로 그 두 번째 의견 말이다.

두 번째(그리고 세 번째) 의견도 처음 받은 진단과 동일했다. 그러니까 말하자면, 수술을 피할 도리는 없었다.

나와 매우 친한 여자 친구가 자기가 잘 아는 '금손' 외과의가 있어서('금손'이라고 해서 돈을 더 받는 건 아니다) 그 의사와 (친구로서) 연락을 해 보았다고 했다. 그녀는 내가 그 의사에게 내 소화 기관을 믿고 맡겨도 될 거라고 했다.

그래서 나는 내 병을 진단한 의사를 곧바로 배신했다. 달갑지 않은 소식을 나름대로 애써서 요령껏 전해 준 의사였으니 신의를 지킬 법도 한데 말이다.

나는 아무런 양심의 가책 없이 더 실력 있다고 생각되는 의사에게로 내뺐다.

내가 의사를 대하는 행동은 부동산 중개업자를 대하는 행동과 흡사했다. 나는 저쪽에서 가격을 얼마나 부르나 시험해 봐도 되지만 저쪽에서 나를 봉으로 보고 감언이설로 구워삶으려 들면 기분 나쁘다.

고로, 나는 의사와의 관계에서 마땅히 지켜야 할 규범을 위반했다. 탤컷 파슨스는 "의사를 장사꾼이나 사업가 취급하지 말라"고 하지 않았던가.

탤컷 파슨스의 일반화와 추상화가 지나치다고 비판할 수도 있겠으나 어쨌든 1950~1960년대 미국 의료계의 공식 이데올로기에서 바로 이러한 측면을 그가 대단히 잘 기술했음은 인정해야 한다.

파슨스는 의사라는 직업이 예외적인 데가 없으며 사회적 자율성, 학문적으로 인정받고자 하는 전문성, 직업 수행이 요구하는 고도의 특성화라는 관점에서 여타의 자유 전문직(변호사, 건축 설계사 등)과 비슷하다고 말한다.

그렇지만 그는 이 직업이 자본주의 사회에서 거의 비슷한 위상을 누리는 사업가 같은 직업과는 완전히 다르다는 점도 보여 주었다. 사업가의 유일한 관심은 이윤을 극대화하는 것이다.

환자가 다른 의사들을 만나고 다니면서 의견을 구하는 경우, 정직과 신의를 의사-환자 관계의 중심에 두는 일종의 정신적 계약이 흔들린다.

이 정신적 계약대로라면 의사는 환자를 자기가 속이거나 경제적으로 착취할 수 있는 대상으로 삼아서는 안 될 것이다.

그리고 환자는 자기 담당 의사를 더 매력적이고 경쟁력 있는 다른 의사가 나타나면 언제든 걷어찰 수 있는 의료 서비스 제공자로만 보아서는 안 될 것이다.

모든 면에서 환자는 이 정신적 계약에서 자신에게 부과된 몫을 가능한 한 점점 더 많이 위반하는 경향이 있다고 볼 수 있을 것 같다.[127]

의사는 부디 그러지 않기를, 환자의 약점을 이용하는 태도가 일반화되지 않기를 바라야 할 것이다. 그러나 환자를 차지하려는 의사들끼리의 경쟁이 점점 더 치열하고 과격해지고 있기 때문에 위협을 배제할 수 없다.[128]

12

나는
기억나지
않는다

남자 간호조무사가 수액 걸이가 잘 작동하는지 확인하러 왔다(수액 걸이는 6월의 크리스마스트리 같고 코르티손, 진통제, 구토 억제제 등이 가득 든 튜브에서 떨어지는 수액 방울은 트리 장식 같다). 그는 일요일에 뛰는 축구 연습을 하고 싶은지—아마도 공간을 확보하기 위해서—내 침대 발치에 놓인 투명 팩들을 발로 툭툭 찼다.

나는 병원 사람들은 으레 하는 행동일 거라고, 전염병이나 감염성 질환, 이른바 '병원 내 감염' 따위의 위험은 전혀 없을 거라고 생각하면서 나 자신을 안심시켰다.

그래도 간호조무사의 그 경망스러운 행동이 다소 마음에 걸리기는 했다.

그는 나에게 잠시 후 병원 지하의 영상의학과에 가서 스캐너를 찍게 될 거라고 알려 주었다. 그다지 마음이 놓이는 소식은 아니었다. 나는 그 간호조무사가 바퀴 달린 침대를 밀면서 침대로 아무렇게나 문짝을 부딪쳐 길을 내고 복도를 달리는 모습을 상상했다. 환자가 별로 좋아하지 않을 거라는 생각은 그의 안중에 없을 것 같았다.

그래도 혼자 병실을 써서 얼마나 다행인지! 믿을 수가 없다. 1인실을 달라고 강력하게 말해 놓기는 했다. 하지만 병원 측에서 확답을 주지 않아서 나는 다인실에서 다른 환자들과 부대끼며 지내야 할까 봐 두려웠다.

나는 다시 한 번 침대 밑에 아무렇게나 널린 투명 팩들을 바라본다.

그 팩들은 서서히 붉은색인지 갈색인지 모를 액체로 채워지고 있었다.

나는 그 팩들이 내 복부에서 나오는 관들과 이어져 있다는 것을 알아차렸다.

수술이 이미 끝난 게 분명하다.

조르주 페렉Georges Perec과 한없이 이어지는 그의 '나는 기억한다' 염불이 생각난다. 아무래도 나는 페렉과는 반대로 '나는 기억나지 않는다'라는 글을 써야 할 것 같다.[129]

나는 수술대에 오르기 전에 샤워를 하고, 베타딘을 바르고, 환자로 변장해야만 했다는 것을 **안다**. 초록색 격자무늬 부인모 같은 것을 머리에 쓰고, 합성 섬유 양말을 신고, 작은 파란색 무늬(뭘 나타내는 무늬인지?)가 박히고 뒤가 훤히 뚫려 있어서 목에 끈을 묶게 되어 있는 흰색 면 가운을 입으면 변장은 끝이다.

나는 병원 측에서 나의 가슴, 배, 사타구니의 털을 깎았다는 것을 **안다**.

병원에서 주사액을 준비했고 내가 마취를 당했다는 것도 **안다**.

내가 수술대로 옮겨졌다는 것을 **안다**.

수술이 아주 오래 걸렸다는 것까지도 **안다**(여섯 시간 이상 걸렸다).

나는 수술을 누가 집도했는지 **안다**(그러나 수술실에 누구누구가 들어왔는지는 모른다. 〈닥터 하우스〉를 애시청한 이력으로 짐작건대, 집도의 말고도 두 명은 더 있었을 것이다).

하지만 이 모든 일을 직접 하거나 당한 **기억은 전혀 없다!**

나는 내가 첫 번째 수술을 받고서 얼마 지나지 않아 응급으로 두 번째 수술을 받은 것도 **안다**.

몇 주가 지난 후, 그 두 번째 수술에 대한 병원 기록을 읽을 기회가 있었다.

심각한 상황에 즉시 대처해야 할 필요가 있었다고 한다. 그 상황이란 '복강내출혈, 췌장-소장 접합부 암종 누공, 장기 위부전마비'로 기술되어 있었다.

나는 다시 위키피디아의 힘을 빌려 이 업계 용어를 그럭저럭 해석했다.

내가 이해한 바로는, 봉합이 온전히 유지되지 않았던 것 같다.

유출이 있었고, 속으로 잔뜩 흘러 들어가지 않도록 한시바삐 땜질을 다시 해야 했다.

두 번째 수술을 받고 며칠간 집중치료실에 있었던 것도 안다. 집중치료실에서 지낸 날들은 의료진이 고통을 덜어 주기 위해 최선을 다한다 해도 족히 정신적 외상이 남을 만한 경험이었다. 집중치료라 함은 사실상 가까운 이들과의 격리, 자율성의 유예, 좀 더 구체적으로는 시도 때도 없이 온갖 다양한 형태로 느닷없이 취하는 의료 조치, 호흡을 도와준다지만 실상은 숨 막히고 시끄럽게 느껴지는 마스크, 반강제적인 콧줄 식사, 정신 못 차리게 하는 다량의 약물 투여를 뜻하기 때문이다.

물론 그러한 조치들에는 의료적으로 정당한 이유가 있다. 그렇지만 환자가 오랫동안 그러한 조치를 받으면서 일종의 학대를 당하는 기분이 드는 건 당연하다.

하지만 그 느낌조차도 이제 잘 기억나지 않는다.

2년이 지나서야 나는 내가 집중치료실에 있을 때 어떤 친구들이 면회를 왔는지 들었다.

그러니까 지금은 그때 누가 면회를 왔는지 **안다**. 하지만 그 사람이 나를 보러 왔을 때 구체적으로 어떤 모습이었고 어떤 행동을 했는지는 여전히 기억하지 못한다.

내게 일어난 일에 대한 앎과 기억이 이처럼 괴리되는 것이 신기해서 어떤 의사에게 환자들이 보통 다 이런 경험을 하는지 물어보았다.

　사실 나는 환자의 기억 상실에 본인의 의지나 의도가 다소간 개입하는가라는 지극히 전형적인 질문을 던진 셈이었다.

　그 의사는 답하기를, 환자가 자신이 당한 일을 모르거나 기억 못하는 것이 환자에게도 좋기 때문에 의료진은 그러한 이상적 결과를 얻기 위해서 기억이 가물가물할 정도로 진정제를 다량 투여한다고 했다.

　나는 철학적 질문을 던졌는데 화학적 수준의 답변이 돌아오자 슬쩍 심기가 상했다. 나는 의사의 대답이 참말인지, 아니 그럴싸한 얘기인지조차 굳이 생각해 보고 싶지 않았다.

13

환자들은
건강한 사람들보다
지적, 도덕적으로 우월한가?

2013년 5월의 어느 날, 내 얼굴이 희한하게 누렇게 떴다. 하지만 나는 그러한 변화를 바로 알아차리지 못했다.

친구들이 나를 보고 예전에는 내 '안색이 좋았다'고 하면서 뭔가 심상치 않다는 식으로 말했다.

거울을 들여다보고서 나도 바로 병원에 가 봐야겠구나 싶었다.

환자가 전문의를 만나기 전에 일반의부터 만나 상담을 받는 이른바 '의료 코디네이션' 절차를 준수하는 시민답게, 나는 나의 '주치의'라고 할 수 있는 양반을 먼저 찾아갔고 그는 나를 초음파 검사실로 보냈다.

그쪽에서는 초음파 검사 결과를 보고 잠시도 지체할 수 없는 상황이라며 나에게 어떤 병원을 추천하고 거기 가서 나머지 검사를 받으라고 했다.

나는 응급실로 가긴 했지만 나에게 무슨 일이 일어날지 몰랐기 때문에 크게 걱정하지는 않았다.

장시간 대기를 했더니(알다시피, 환자가 그리 많지 않아도 장시간 대기는 필수적인 통과 의례다) 어떤 젊은 의사가 나를 보러 왔다. 그는 내가 건넨 자료를 흘끗 훑어보고는 몇 가지 의례적인 질문을 던진 후 다음과 같은 가능성들이 있다고 말해 주었다.

그는 세 가지 가정을 제시했다.

1. 아무 문제도 없고 단지 소화 불량일 것이다. 가장 내 마음에 드는 가정이자 나의 전날 저녁 식사 메뉴(감자튀김을 곁들인 육회 + 레페 맥주 + 파리 브레스트)를 감안하건대 완벽하게 말이 되는 얘기였다.

2. 심각한 문제는 아니고 가벼운 간염일 것이다. 정확히 무슨 뜻인지는 몰랐지만 이 가설도 그럭저럭 괜찮아 보였다.

3. 심각한 문제가 있다. (당연한 얘기지만) 가장 내키지 않는 가설이었다. 하지만 의사는 자세한 얘기를 해 주지 않았다.

의사는 잠시 망설이는 것 같더니 이유도 설명해 주지 않고 나보고 집에 돌아가도 좋다고 했다.

그러고 있는 동안에 좀 더 연륜이 있어 보이는 다른 의사가 등장했다. 젊은 의사의 지도 교수 정도 되어 보였다. 그 의사는 내가 그 자리에 있지도 않은 듯 다짜고짜 내 검사 자료를 가져가 읽어 보더니 젊은 의사에게 지금 이 환자를 그냥 보내는 게 말이 되느냐고 한마디 했다.

그리하여 나는 파리 시내 병원들과 무기한 계약을 맺은 환자로서 새로운 삶에 진입했다.

병원에서의 첫날 저녁은 생각보다 차분하니 잘 보냈다. 병실을 같이 쓰게 된 다른 환자는 나이가 지긋하고 친절한 사내로서 독실한 이슬람교 신자였다. 우리는 한담을 좀 나누었다. 내 예상대로 그는 나에게 숙명론을 권고했다. 그리고 나서는 자기는 눈이 잘 보이지 않으니 자기 카펫 위에 놓인 나침반을 보고 기도를 올릴 방향을 좀 가르쳐 달라고 했다.

내 기억이 맞는다면, 그다음에 나는 곧바로 잠이 들었던 것 같다.

다음 날에야 나는 병원 생활이 다소 우악스러운 리듬으로 돌아간다는 것을 실감했다.

병원의 하루는 아주 일찍 시작한다. 혈압, 체온, 심박 수, 호흡 등의 생체 신호 '지수'는 거의 군대식으로 측정되고 기록된다.

그다음에는 채혈이 있다(기나긴 절차의 시작일 뿐이다). 그 후 스캐너 촬영이 있다. 휠체어를 타고 병실로 돌아온다(하지만 그때까지만 해도 나는 아픈 데가 전혀 없었고 충분히 내 발로 걸어서 병실로 돌아올 수 있었다).

오후 2시쯤 진단명을 확인하고 이후의 절차를 설명받기 위해 과장 의사를 만나러 가야 했다.

의사가 웃음기 없는 얼굴로 나타난 것을 보고 로또 당첨처럼 신나는 소식은 아니겠구나 예감을 했다.

실제로 그는 나에게 그리 유쾌하지 못한 소식을 전해야만 했다. 검사 결과, 우울하기 짝이 없는 세 번째 가정이 현실이 되었던 것이다.

의사는 꼭 그래야만 한다는 의무를 느끼기라도 하듯 나에게 좋은 소식과 나쁜 소식을 함께 전했다.

나쁜 소식은 나의 췌장관 입구에 악성 종양이 있다는 것이다. (이 상황에서) 좋은 소식은 아직은 수술로 충분히 제거할 수 있다는 점이었다. 그렇지만 하루라도 빨리 수술을 해야 한다고 했다.

수술 날짜를 잡기 위해 입원에 필요한 서류 양식을 작성하는 것이 급선무였다. 어쨌든 당장 할 일이 눈앞에 떨어지자 방금 들은 나쁜 소식에 대해서는 다행히도 깊은 생각을 할 겨를이 없었다.

접수대에는 나 말고 다른 사람이 아무도 없었고 직원도 그다지 바빠 보이지 않았는데 병원 내에서 가는 곳마다 대기 시간이 얼마나 말도 안 되게 길었던지 보통 힘든 게 아니었다.

그날은 V가 병원에 함께 가 주었다. 그녀는 내가 그 병원에서 도망치기로 결정하는 데 힘을 실어 주었다. 게다가 환자를 좀 더 편하게 받아 주는 다른 병원을 찾아 주기까지 했다. 그녀가 잘 아는 실력 있는 외과의가 일한다는 바로 그 병원이었다.

그 의사는 내가 빨리 수술을 받을 수 있게끔 손을 써 주었다. 일종의 특혜였지만 내가 느끼기에는 전혀 불공평한 처사가 아니었다. 물론 이 사실 하나만으로, 사람이 병에 걸리면 사회 정의 의식이 약해진다는 주장의 증거를 삼을 수는 없다.

그렇지만 상황은 내가 바라던 대로, 그리고 (내 짐작에) 의료진이 기대했던 대로 흘러가지 않았다.

집도의는 나의 수술 후 합병증 때문에 며칠 만에 다시 응급 수술을 집도해야만 했다.

나는 두 달을 병원에서 지냈다. 아직 살아 있으니 다행이었지만 대부분의 시간을 꼼짝 않고 누워서 주사관이니 소변줄이니 하는 것들을 주렁주렁 달고 지내야 했다. 성과 사랑에 대한 책을 준비하는 중이어서 메모를 끼적이곤 했지만 그 당시에는 딱히 그런 주제들이 나의 주요한 관심사라고 말하기도 뭐했다.

그다음에 나는 이른바 '보조' 항암 요법으로 넘어갔다. '보조'는 아마 '쓸모없는'이라는 뜻일 것이다. 그도 그럴 것이, 몇 달 후에 암이 재발해서 여러 곳으로 전이되었다는 소식을 들었기 때문이다.

나는 첫 번째보다 훨씬 더 독한 항암 치료를, 그리고 어쩌면 또 다른 조치들도 잘 견뎌 냈다.

인터넷에서 독티시모[130] 유의 웹 사이트를 참조하거나 의사를 붙들고 진단에 이의를 제기하거나 질문 세례를 퍼붓는 강박적인 환자가 아니었던 나로서는, 어떤 일이 나를 기다리고 있는지 사실상 모른다(말이 나온 김에, 앞날을 모르는 것이 우리 모두의 운명 아니던가).

사람들은 나를 위로하려고 시한부 선고를 받았지만 결국은 므두셀라[131] 뺨치게 오래 산 사람들 얘기를 해 주곤 했다.

또한 사람들은 내가 예전 같으면 들은 척도 하지 않았겠지만 지금은 듣는 척은 하는(물론 지키지는 않는) 각종 식이 요법을 추천해 주곤 했다. '색이 진한' 채소만 먹으라든가, 마늘을 꾸역꾸역 먹으라든가, 모든 음식에 강황을 곁들여 먹으라든가, 모든 식재료를 '라 비 클레르'나 '나튀랄리아' 같은 건강식품 매장에서만 구입해야 한다든가.

나는 레이키, 소프롤로지, 요가, 심리 지지, 아유르베다 마사지, 발 반사 요법, 투셰 크레아티프,[132] 심지어 자발적 노래 부르기 동호회까지 추천받았다!

나는 내 건강을 그토록 염려해 주는 이들에게 상처를 줄 수 없었기에 그런 활동을 한번 해 보겠노라 약속하곤 했다.

점잖게 말해서 '중증' 혹은 '장기' 질환이라고 하는 병은 늘 환자의 주위 사람들에게 충고를 하지 않고는 못 배기는 충동을 불러일으키는 걸까. 심지어 제정신이 아닌 듯한 충고까지 포함해서 말이다.

봇물 터지듯 밀려오는 주위 사람들의 호의에 나도 마음이 움직이고 감동하기는 했다.

하지만 질병이나 고통에 숨겨진 좋은 점이 있다는 식의 뻔한 얘기를 어디서나 듣게 됐다는 점은 정말로 짜증이 났다.[133]

내가 들어야 했던 그 많고 많은 말은 "불행에도 좋은 점은 있다"라는 격언으로 간단하게 요약될 수 있을 것 같다. 나를 위로한답시고 하는 말이었지만 그런 말에서 도드라지는 고통효용론은 내 신경에 심각하게 거슬렸다.

지적인 근거가 없는, 그저 즉각적인 반응일 뿐이라고 생각지는 말라.

내 반응은 모든 종류의 고통효용론에 대한 정치적이고 인식론적인 불일치의 표현이다. 친근하고 오래된 격언의 탈을 쓴 고통효용론조차도 나는 도저히 받아들이지 못하겠다.

고통효용론은 정치적으로 위험한 사상이다

고통효용론은 인간의 '본성,' '본질,' '조건,' '운명,' '근원적 불완전성,' 그 밖에도 얼핏 그럴싸하게 들리는 별의별 일반성을 이유로 들어 인간이 필연적으로 고통받을 수밖에 없다는 근거 없는 주장을 펼친다.

고통효용론은 이 주장을 근거로 가장 약한 자, 가장 의존적인 자, 가장 빈곤한 자, 가장 심각한 병을 앓거나 장애를 안고 살아가는 자를 숙명론으로 인도한다. 다시 말해, 사회 안에서 빚어진 가혹한 운명조차도 그 사람 팔자려니, 그가 바랄 수 있는 최상의 몫이려니 믿고 살아가라는 얘기다!

고통효용론은 '참'으로 판명되지 않은 명제들에 근거해 있다

고통효용론에 따르면, 질병과 그에 따르는 고통에서 '인식론적 장점'과 '정치적이고 도덕적인 우수성'이 나올 수 있다.

고통효용론이 질병에 주목하면서 바닥에 깔고 들어가는 이 주장이 내가 보기에는 하등 근거가 없다.

적어도 내가 잔혹한 박해를 경험한 집단들끼리의 경쟁이라는 현상을 간략하게 살펴보면서 입증한 바로는 그렇다.

고통과 인식

피해자들이 기탄없이 자기네들의 고통을 말할 때 고통이 '인간 조건'에 대한 '인식'의 깊이를 더해 줄 것이라는 가설은 나름대로 진지하다.[134]

이런 식으로 이해된 고통은 지적 우수성의 원천이라고 할 수도 있을 것이다.

그래서 흑인과 유대인이 서로 역사상 가장 핍박받았던 자를 앞다투어 자처하면서— 흑인은 노예 제도를 강조하고 유대인은 2차 대전 동안 이루어졌던 대량 학살을 강조한다[135]— 입증하려는 핵심은 실제로 자기네가 인류에게서 가장 심하게 배척당했다든가 지금도 당하고 있다는 사실 자체가 아니다. 그들은 쓰라린 경험이 있기에 '인간 조건'에 대해서 자기네가 누구보다도 '잘 안다고' 말하고 싶은 것이다.

고통에서 얻은 앎도 여느 앎과 마찬가지로 모든 종류의 상황에서 일종의 자산, '권력,' 다시 말해 정치적으로 유리한 점이 될 것이다.

게다가 고통을 통해 인종주의, 여성 혐오, 사회적 편견 등을 극복할 수 있는 공감 능력이 여러 형태로 계발될 수도 있을 것이다.

내가 '인식론적 장점'이라고 일컬은 것은 고통에서 얻을 수 있다고들 하는 이 두 가지 인지적 결과, 즉 인간 조건에 대한 더 나은 인식과 편견에 대한 면역력이다.

고통과 미덕

게다가 고통을 당한 자는 다른 사람들이 자신과 똑같은 고통을 당하기를 원치 않을 거라 짐작할 수 있다. 이 경우 고통은 일종의 도덕적 우수성을 함축할 수도 있겠다.

실제로 신이 세상에 악이 창궐하도록 내버려 둘지언정 신의 선의가 무한하다는 변론들을 보면, 고통은 덕을 가르치고 점차 더 나은 도덕적 양심으로 나아가게 한다는 이유로 정당화된다.[136]

그렇지만 고통이 모든 경우에 인식론적이고 (지식과 권력 사이에는 모종의 관계가 있다고 가정되므로) 정치적인 장점과 도덕적 우수성을 낳는다는 주장은 전혀 근거가 없는 판단이다.[137]

고통을 겪어 보았다고 해서 '필연적으로' 인종주의, 여성 혐오, 혹은 그 밖의 모든 불쾌한 편견들을 품지 않게 되는 것은 아니다.

서로 경쟁 관계에 있는 피해자 무리들이 구사하는 수법만 보더라도 그 점은 증명된다. 그들 중 일부는 자기네 '경쟁 상대'의 신망을 떨어뜨리고 연민을 독차지하기 위해서 아주 고약한 전형적 수법에 호소하기도 한다.[138]

그리하여 유대인들과 고통의 크기를 다투는 무리들은 유대인에 대한 온갖 거짓 정보, 가령 노예 매매꾼 중에 유대인이 특히 많았다든가 하는 이야기를 퍼뜨렸다. 자기네가 역사상 가장 큰 치욕을 당한 민족이라는 유대인들의 주장을 묵살하고 신뢰를 떨어뜨리기 위해서 말이다.[139]

고통을 겪으면 다른 사람들에게 악의를 품거나 잔인하게 굴지 못한다는 주장도 꼭 참이라고 할 수는 없다. 고통을 아는 사람이라 해도, 심지어 자기에게 아무 잘못도 저지르지 않은 타인에게까지 못되게 굴 수 있는 법이다.

우리는 불행에 빠진 경쟁자들의 고통을 깎아내리기 위해 우리 자신의 고통을 더 크게 볼 수도 있다. 또는 타인의 권리에 위해를 가하는 온갖 종류의 행위를 변명하기 위해서 우리의 고통을 핑곗거리로 삼을 수도 있다.[140]

간략히 말해, 지나간 고통이나 현재의 고통이 반드시 인식론적 장점이나 도덕적이고 정치적인 우수성을 안겨 주지는 않는다.

결과적으로, 현재 고통받거나 이미 고통을 겪은 자들이 건강하고 피상적이며 무지하기 짝이 없는 저 불쌍한 자들보다 더 낫다고 보는 세계관에 대해서는 한번 의심해 보는 태도가 바람직하다.

14

비극이자 희극인
질병

의료 관계를 고찰하면서 반드시 윤리적이거나 도덕적인 차원에만 머무르라는 법은 없다.[141]

의료 관계를 심리학이나 사회학의 관점에서 바라볼 수도 있다.

나는 특히 사회학의 관점에서 이미 이 책에서 여러 번 소개한 탤컷 파슨스를 선구자로 인정해야 한다고 생각한다.

'현대 의료 실태'에 대한 그의 빽빽한 에세이를 완독할 인내심이 있는 이들은(그런 이가 점점 더 드물어지고 있지만) 파슨스가 환자를 바라보는 시선을 완전히 바꾸려 했다는 사실을 안다.[142]

파슨스는 환자를 연민을 자극하는 수동적 피해자가 아니라 해방을 위하여 적극적으로 싸우는 '사회적 일탈자'로 보는 것에 ― 사회학적으로 말하자면 ― 더 풍부한 의미가 있음을 보였다.

이러한 논지는, 그 한계를 이해한다는 조건에서, 결코 기상천외

하거나 파격적이지 않다. 이는 단지 환자와 질병으로 바라보는 한 방식일 뿐이며 이러한 시각이 여타의 신체적, 역사적, 윤리적 시각들을 배제하지도 않는다.

그러나 이 방식을 취하기 위해서 치러야 할 인식론적 대가는 상당하다.

우리는 파슨스가 의사들의 공식 이데올로기를 말하는 것인지 (가령 의료윤리헌장으로 문자화된 이데올로기라든가) 아니면 의료 행위에 실제로 적용하는 규범을 말하는 것인지(즉 경험적 관찰로만 파악 가능한 규범인지) 사실상 딱 부러지게 알 수가 없다.

그런데 그 둘을 혼동한다면 분석의 오류가 발생할 수밖에 없다.

게다가 환자를 치료하는 좋은 의사 모델과 자신의 경제적·사회적 의무를 감당할 능력을 최대한 빨리 되찾고자 하는 좋은 환자 모델은 이제 한물가지 않았나 싶다.

현재의 의학으로는 완치를 바랄 수 없는 '고질적' 환자들이 이미 거대 집합을 형성하고 있다. 그들은 경제적·사회적 의무에서 해방되고자 한 것이 아니다. 그러니 그 같은 모델은 더는 통용되지 않는다.[143]

그럼에도 불구하고, 내가 생각하기에 파슨스가 남긴 저작이 가장 크게 공헌한 부분은 이런 한계들에 타격을 입지 않는다. 그러므로 나는 그 저작들을 좀 더 상세히 소개할 가치가 있다고 본다.

파슨스의 핵심 논지는 질병은 신체적·유기적 상태일 뿐 아니라

'사회적 조건'이기도 하다는 것이다.

이러한 생각은 사회에 대한 파슨스의 (대체로 매우 불분명한) 일반 이론들과 완전히 따로 놀기는 하지만 질병과 건강에 대한 현대의 이해를 이끌어 왔다.[144]

이 핵심 논지는 환자라는 '사태'와 환자일 '권리'의 구분을 바탕으로 한다.

환자라는 '사태'는 경험적으로 확인되는 사실이다. 여기에는 환자가 주관적으로 느끼는 고통, 불편, 불안 등에 대한 보고와 의사의 임상 관찰, 면역혈청 검사 결과, 생화학 검사 결과, 의학 영상 검사서 등이 포함된다.

환자일 '권리'는 경험적으로 확인되는 사실이 아니다. 그렇지만 정당하다고 판단된 요구는 정치적이고 법적인 결과를 불러올 수 있다. 예를 들면 공적 보험이나 사적 보험 체계에서 금전적 지원을 한다든가 하는 식으로 말이다.

우리가 '사회적'이라고 볼 수 있는 모든 권리들이 그렇듯, 환자일 '권리'도 최근에야 쟁취되었고 지금도 존립 여부가 위태롭다.[145]

이 권리가 복지 국가가 보장하는 권리로 인정받은 것은 19세기의 일이고,[146] 앞으로 이 권리가 전면적으로 재고되지 않으리라는 보장도 없다.

시대와 사회에 따라 정도는 다르지만, 건강을 잃은 사람들에게 사회적 낙인을 찍는 경향이 존재한다. 환자일 권리가 이 경향에 맞서서 끊임없이 정당화되어야만 한다는 점은 분명하다. 환자를 스스로를 보호할 수 없는 머저리, 게으름뱅이, 꾀병쟁이, 사기꾼, 천민으로 취급하는 경향은 과거보다 오늘날 더 팽배한 듯 보인다. 만약 보건 분야에 대한 공공 지출 긴축 프로그램이 계속해서 해를 입힌다면 미래에는 이 경향이 조금 위축될지도 모르겠다.[147]

나는 적어도 이런 방향으로 탤컷 파슨스의 현대 의료 실태에 대한 글을 읽었다. 나의 독해가 다분히 왜곡되었다는 점은 나도 기꺼이 인정한다.

실제로 나는 그의 분석의 중심 개념인 '사회적 역할' 즉 규범적 기대들의 총체에 '극적인' 의미를 부여함으로써 그의 추론을 재구성한 셈이다. 따라서 순수주의자들은 나의 설명이 파슨스의 실제 글에서 발견할 수 있는 의미와 자못 동떨어져 있다고 볼 여지가 있다.[148]

탤컷 파슨스는 사실 사회의 일반 구조, 사회가 특정한 기능적 필요들에 부응하는 방식에만 관심을 두었다. 이를테면 사회 구성원들이 효율적으로 부를 생산하고 주어진 역할과 관련된 의무들을 존중함으로써 '사회 질서'를 유지하게 하려면 이 구성원들이 건강하게 살아가게끔 보살펴야 할 필요가 있는데 사회는 이 필요에 어떻게 부응하는가 하는 문제 말이다.

결과적으로 그의 이론에서 사회 구성원들은 가족, 교회, 학교 같은 거대한 사회 제도가 몸과 마음에 심어 놓은 문화적 프로그램을 맹목적으로 따르는 꼭두각시처럼 보이기도 한다.

확실히 파슨스의 사회적 역할 이론은 개인이 자기 역할과 모종의 '거리'를 둘 자유, 그 역할에 자신을 온전히 바치지 않을 자유에 대한 고려가 부족하다. 자기 역할을 제약이라기보다는 어떤 방편으로 볼 수도 있고, 역할에 완전히 빠져들어 역할대로 '살기'보다는 무대에서처럼 '연기할' 가능성도 있는데 말이다.

죄악으로서의 질병

파슨스는 우리 사회의 이른바 '자유주의적이고' '과학과 기술 측면에서 앞서나가며' '경제적으로 발전한' 구성원들이 일반적으로 환자를 자연재해의 수동적이고 죄 없는 피해자로 본다고 우리가 생각한다면 그건 착각이라고 말한다.

실제로 이 사회에는 환자에 대한 일종의 '유죄 추정'이 존재하는 듯하다.

사회 구성원들은 대부분 처음에는 환자를 무슨 일탈이나 비행을 저지른 사람처럼, 심지어 '범죄자'처럼 보곤 한다.[149]

영국 작가 새뮤얼 버틀러도 이러한 가능성을 살펴보긴 했지만 그의 유토피아적이고 해학적인 소설의 맥락 속에서 특정 인구 집단의 일반적인 견해는 우리 집단이 공유하는 견해와 차원이 다르다.[150]

> 이 나라에서는 70세가 되기 전에 건강이 나빠지거나 병에 걸리거나 어떤 면에서든 신체에 이상이 생길 경우, 동족으

로 구성된 배심원 앞에서 재판을 받는다. 그리고 유죄 판결이 나면 사람들의 멸시를 받으면서 사건의 경중에 따라 선고를 받는다. 영국의 범죄처럼 질병도 중범죄와 경범죄로 나뉜다. 이를테면 중병에 걸리면 무거운 처벌을 받고, 그 전까지 건강이 좋았던 사람이 65세가 지나 시력이나 청력에 문제가 생기면 벌금형을 받으며 돈을 내지 못할 경우 투옥된다. 반면 수표를 위조하거나 자기 집에 불을 지르거나 강도질을 하거나 그 외 영국에서라면 범죄로 간주될 행위를 저지르면 병원에 보내져서 공공 비용으로 가장 면밀하게 치료를 받는다. 집안 환경이 좋은 경우에는 우리가 아플 때와 마찬가지로 친구들에게 자신이 심각한 부도덕 행위로 고통받고 있다고 알린다.[151]

요컨대, 버틀러의 상상 속 나라에서 환자는 범죄자 취급을 당하고 범죄자는 환자 취급을 당한다. 하지만 왜 그런지는 정확히 알수가 없다.

파슨스의 이론은 그렇게까지 유별나 보이지 않는다.

그 이론은 무엇을 말하는가?

발전하고 진보했다는 우리 사회에서 각 사람은 자신에게 특화된 사회적 역할(교사, 경찰, 의사, 목사, 판사, 변호사 등)에 해당하는 의무와 규범적 기대에 맞게 행동한다. 이 사회의 생산 지상주의 이데올로기는 '뺀질이'와 '게으름뱅이'를 규탄하는데, 환자는 일단 (생산에서) '탈퇴한 자'다.

사회학의 안경을 쓰고 보면, 병자는 그에게 부여된 사회적 의무를 감당하지 않고 생산 과정에 적극적으로 참여하지도 않는다는 사실이 맨 먼저 눈에 띄게 마련이다.[152]

자신이 사회적 의무를 피해 달아난 '탈퇴자'나 '게으름뱅이,' '트러블 메이커'가 아님을, 또는 자기 앞가림을 사회가 대신해 주길 바라거나 '지원'을 노리는 '꾀병쟁이'가 아님을 입증하는 것은 환자의 몫이다.

그러므로 환자는 자신의 결백을 입증하기 위해 다음과 같은 핵심 요소들을 연출해 보여야만 한다.

1. 경제적·사회적 의무를 감당할 수 없는 환자는 결코 게으르거나 의욕이 부족해서가 아니라 건강 상태 때문에 명백히 그럴 수 없음을 말과 행동으로 보여야 한다.
2. 그러한 건강 상태에 환자 자신의 책임이 없음을 말과 행동으로 보여야 한다(합리적으로 기대할 만한 예방 조치를 빈틈없이 취했다는 증거 등).
3. 건강을 회복하고 경제적·사회적 의무를 다시 감당하기 위해 할 수 있는 노력은 다하고 있음을 말과 행동으로 보여야 한다. 환자는 자기 상태를 유감스럽게 생각하고 그 상태를 악화시

키지 않기 위해서 "가만히 누워 계세요" 유의 명령들을 순순히 따르고 있음을 타인들에게 보여 줘야만 한다. 그는 어떻게 해도 자신의 의지로는 그 상태에서 벗어날 수 없다는 인상을 주어야 한다. 다시 말해, '환자가 되고 싶어서 된 것은 분명히 아니라는' 인상을 주어야 하는 것이다. 그는 자격을 갖춘 의료진(일반의나 전문의)에게 적극적이고 진심 어린 태도로 도움을 구하고 의료진에게 협조하여 병이 낫기 위해 노력하는 모습을 보여야 한다.

이러한 연출이 환자의 사회적 역할을 규정한다.

의사의 사회적 역할은 환자의 사회적 역할을 기준으로 정해지는 것 같다. 이 두 역할은 상호 보완적이고, 애초에 내용과 형식을 뻔히 아는 일종의 '연극'을 두 역할이 힘을 합쳐 상연하는 것처럼 보인다.

1. 의사는 환자의 건강 상태가 실제로 경제적·사회적 의무를 감당하지 못하는 이유임을 보증해야 한다.
2. 의사는 환자가 그러한 건강 상태에 절대로 책임이 없음을 보증해야 한다.
3. 의사는 학문적 자격을 늘 밝히 드러내어 환자를 '낫게 할' 치

료 계획을 세울 수 있어야 한다. 사회학적으로 말해 보자면, 환자에게 경제적·사회적 의무를 감당할 능력을 되돌려주어야 한다는 얘기다.

이런 식으로 보면, 의사는 '사회 통제 주체' 역할을 한다.

가장 보수적인 사람들은—이른바 '게으름'에 강박 관념이 있다고 하지만 실상은 노동 외에는 아무런 다른 목표가 없는 사람들 말이다—환자와 의사 역할이 제도화됨으로써, 질병을 이용하여 경제적·사회적 의무를 벗어나는 부수적 이득을 누리는 일이 방지된다고 생각한다.

게다가 환자 역할에 결부된 의무들로 인해, 보수주의자들이 말하는 소위 '질병 문화'에 환자가 영합하지 않게 될 것이다.

의사는 질병의 '검증인'이자 '감독자' 역할을 맡는다. 현대 사회에서 의료 분야 직업이 각별히 높은 위상을 차지하는 이유를 이 역할로 설명할 수 있을 듯하다.

그러한 위상은 우리 사회가 구성원들의 생산성 보존에 부여하는 중요성에 비례한다.

그리고 질병의 감독자라는 역할은 의료 분야 직업이 정치적으로 유리한 입장을 차지하는 이유도 설명해 준다. 실제로 의료 분야는 다른 분야들에 비해 고도의 자율성을 누린다.[153] 게다가 의료계에는 독자적인 심의 기관(의사협회)도 있다. 의료계는 과거에 환자에 대한 돌봄과 지원을 거의 전적으로 책임졌던 종교 기관들에 대해서도 독립성을 획득했다.[154] 그리고 마침내 이 업계는 학위로 보증되는 학문적 자격만을 의사 활동의 유일한 근거로 인정하게 했다. 의사가 되려면 국가에서 인정하는 교육 및 연구 기관, 최신 지식을 전수하고 생성한다고 하는 이 기관들에서 시간과 비용을 많이 들여 학위를 따는 방법밖에 없다.[155]

의학은 취미가 될 수 없게 되었다. 이제 의학은 옛 치료사들의 활동 같은 부속 활동이 될 수 없다. 의사는 극도로 까다롭게 특화된 직업이 되었다.[156]

마지막으로, 의료계는 점진적으로 의료 '시행권'을 독점화했다.[157] 과거에 '최면술'이라든가 그 밖의 불가사의한 능력으로 치유사를 자처했던 이들은 이제 비의료인으로 규정된 이상 의료 행위를 할 수 없다(그렇긴 해도 이런 비의료인들의 열성적인 단골 고객이나 신규 고객은 늘 있게 마련이다).

현대 의학은 자신은 실패했으면서도 온갖 종류의 '유사 의학'이나 '비(非)서양 의학'에 멸시 어린 시선을 던진다. 이러한 의학의 반박 가능성, 다시 말해 과학적 근거 여부는 결코 확실히 판가름 났다고 할 수 없다.

의사에게 기대하는 것

탤컷 파슨스는 의사가 의료 관계에서 바람직한 것, 의무, 허용, 금지 여부를 결정하는 가치와 규범 체계를 길잡이 삼아 활동한다고 보았다.

하지만 파슨스는 이 가치와 규범을 확인하면서 의료 이데올로기를 의료윤리법에 나타나 있고 공식 기관들이 앞세우는 내용 그대로 기술하는 데 그쳤다. '현장에서의' 구체적 실태는 고려하지 않았다.

파슨스는 적어도 이 점에서 늘 비판을 받아 왔다. 하지만 나는 그러한 비판이 근거가 있다고 생각하지 않는다.

파슨스가 순전히 추상적이고 연역적인 방법으로 의사의 행동 방식을 정의한 것은 사실이다. 그렇지만 그의 학문적 목표는 단지 사회의 좀 더 일반적인 명령에서 파생될 법한 의사의 행동 '모델'을 구성하는 것이었으므로 그리 문제가 되지 않는다. 모든 사회 구성원이 경제 활동과 생산에 참여할 수 있도록 건강을 유지해야 한다는 것이 좀 더 일반적인 명령에 해당할 것이다.

이 모델은 의사에 대해서도 일련의 '규범적 기대'가 존재함을 전제한다. 그러나 이 기대가 반드시 충족되는 것은 아니다.

이 기대를 결정하는 가치들은 다음과 같다.

1. 감정의 중립성: 공감이나 애정 같은 긍정적 감정이든, 분노나 수치나 증오 같은 부정적 감정이든, 의사는 감정에 휘둘려서는 안 된다.

2. 공정성: 의사는 환자의 출신, 사회적 여건, 성별 등을 따지지 않고 똑같이 잘 대해야 한다. 민주 국가가 모든 국민의 문제를 대등하게 고려해야 하는 것과 비슷하다고 할까.

3. 무사 무욕: 의사는 식료품 상인과는 다르다. 상인은 손님에게 흠 있는 상품을 비싸게 팔려고 할 수도 있다. 그는 자기가 일하는 바닥에서는 '매수자 위험 부담caveat emptor'을 원칙으로 하기 때문에 자기 행동이 부도덕하다고 욕먹을 정도까지는 아니라고 생각할 수 있다. 애초에 손님이 잘 보고 사야 하는 것이다. 그렇지만 의료 관계에는 분명히 그런 원칙을 적용할 수 없다!

의사는 사업가가 아니다. 사업가는 직원들의 노동력에서 최대한 이윤을 끌어내는 법, 비용은 줄이고 수입을 늘리는 법을 고민하는 것이 당연하다고 생각할 것이다. 그런데 의사에게는 원칙적으로 환자의 이익도 자기 이익 못지않게, 혹은 그 이상으로 중요하다. 의사의 주요한 동기는 이윤이 아니라 환자의 건강과 사회의 건강이 되어야만 한다(의사가 하는 일은 사회가 전체적으로 잘 돌아가게 하는 것이므로).

의사가 개인적으로 이러한 명령들에 부합하고 싶지 않다는 유혹에 시달릴 수도 있다. 그렇지만 의사가 이 명령들을 준수하는지 감시하는 기관이 따로 있다.

실제로 환자가 미약하고 무력하며 무능한 상태로 인하여 착취 당하지 않도록 보호하고자 하는 행정 제재 및 형벌 체계가 엄연히 존재한다.

이는 의사협회, 보건의료부, 생명의료 기구 같은 기관들에 주어진 기능 중 하나이기도 하다.

이 기관들은 원칙적으로 의료의 상업화를 '맞서 싸워야 할 위험하고 은밀한 악'[158]으로 간주하고 행동하는 것처럼 보인다.

타자들의 우위

파슨스는 이러한 규범적 기대를 여러 대립항들과 연결 지어 이론적 용어로 기술했다. 그에 따르면 이 대립항들은 의사라는 직업의 가치론적이고(바람직한 것들과의 관련성) 규범적인(허용, 의무, 금지를 정하는 것) 토대를 기술하기 위한 필요조건이자 충분조건이다.

규범적 기대는 어떤 가치가 방향을 결정하느냐에 따라서 달라진다.

1. 개인의 성취에 가치를 부여하느냐, 부모나 사회가 물려준 사회적 지위에 가치를 부여하느냐.
2. 우리가 타자들(사회)을 위해서 실현한 일에 가치를 부여하느냐, 우리 자신을 위해서 한 일에 가치를 부여하느냐.
3. 보편성에 가치를 부여하느냐, 개별성에 가치를 부여하느냐(예

를 들자면, 만인의 평등을 더 중시할 것인가, 가족이나 친구에 대한 개인
적인 애착을 더 중시할 것인가).

4. 도구성에 가치를 부여하느냐(어떻게 대가를 받아 낼 것인가), 표
   현에 가치를 부여하느냐(어떤 능력을 드러내고 싶은가).

5. 환자와의 정서적 관계에 가치를 부여하느냐, 환자에 대한 감
   정의 중립성에 가치를 부여하느냐.

6. 확대성에 가치를 부여하느냐(임상의가 만사를 돌볼 수 있는 도사
   님 노릇을 해야 한다), 특정성에 가치를 부여하느냐(임상의는 절대
   로 자신의 전문 분야밖으로 나가면 안 된다).

　　의사의 사회적 역할은 개인의 성취, 타인의 고통, 만인을 평등하
게 존중하는 태도, 직업 능력의 개선, 감정의 중립성, 환자들에 대
한 공정성, 전문화를 우선시하는 방향으로 특징지어진다.

　　문제는 의료사회학에 초기부터 지대한 영향을 미쳤던 이 이론
의 모든 요소가 반박 가능하다는 것이다.

　　내가 말하는 '반박'은 의사나 환자의 실제 행동이 이상적인 모델
에 부합하지 않는다든가 하는 사실 차원의 지적이 아니다.

　　가령, 의사들이 반드시 중립적인 감정을 취하고 환자들을 공정
하게 대하며 자기 이익을 추구하지 않는 것은 아니다.

　　의사들이 그런 면에서 철저하게 처신하리라고 기대하는 이는
오히려 어리석다는 말을 들을 것이다. 그 사람은 이상적인 모델과

현실을 혼동한 것이다.

나는 파슨스의 모델처럼 이상적인 의료 관계 모델을 의료 실태나 환자 행동의 구체적인 현실과 비교해서 반박하겠다는 게 아니다.

그가 생각한 이상적 의료 관계를 반박하기 위해 보여 주어야 할 것은, 애초에 그가 '이상'을 잘못 묘사했다는 사실이다.

15

만성 질환이
의료 이상(理想)에
끼치는 영향

환자의 조건과 의사의 위상 수준에서 일어난 일련의 변화를 볼 때, 파슨스의 이론은 전면적으로 재고해 봐야 한다.[159]

1. 우리의 현재 모습, 우리에게 일어나는 일에 우리의 책임도 있다고 보는 심리학적 견해들이 등장했다. 우리가 뭘 잘못해서 병에 걸린 게 아니라는 생각은 점점 더 의심을 받고 있다.

2. 예산을 이유로 의료 업무의 일부는 환자에게 맡겨진다. 환자 입장에서도 인터넷을 통하여 점점 더 손쉽게 의료 정보를 구할 수 있고, 컴퓨터가 의료 데이터 해석을 맡게 될 가능성이 점차 높아지고 있다. 이러한 변화로 인해 증상을 파악하고 병명과 치료 절차를 결정하는 의사의 권한은 축소된다.

3. 이른바 '만성 질환'(당뇨, 심혈관계 질환, 암 등)이 폭발적으로 늘

118

어났다. 이러한 질환들의 특징은 완치를 목표로 삼지 않는다는 것이다.

4. 의사를 노동력 복구 주체로 삼는 것은 말이 안 된다. 만약 의학의 기능이 사회 구성원들의 노동력을 회복시키는 것뿐이라면 이 학문은 이제 그렇게까지 중요하지 않을 것이다. 사람들을 잘 치료해서 노동 현장으로 돌려보낸다는 전망은 지금과 같은 대량 실업 시대에(특히 노동 시장에서 가장 불리한 입장에 있는 사람들에게는) 전혀 와 닿지 않는다. 더욱이 만성 질환을 앓는 환자들은 상당수가 고령자이거나 이미 은퇴를 한 사람들이다. 그들을 잘 치료해서 다시 일을 할 수 있게 하는 것이 급선무라는 주장은 우스꽝스럽게 보일 것이다.

어떻게 '기꺼이' 환자가 되는가

사실 파슨스는 '정신신체psychosomatique' 이론들이 득세하면서 환자가 자신의 건강 상태에 책임이 없음이 입증되어야 한다는 무책(無責) 조항이 상당히 흔들리게 되었음을 분명히 의식했다. 그런데 질병을 사회적 일탈로 보는 시각에 맞서려면 이 조항은 상당히 중요하다. 정신신체 이론들은 실제로 사람의 심리 상태(분노, 두려움, 불안, 수치, 죄의식 등의 이른바 '억압된' 부정적 감정, 우울한 근무 환경이나 숨 막히는 가정을 박차고 나가고 싶다는 '무의식적인' 욕망 등)가 실질적으로 발병 원인이 될 수 있다고 본다.[160]

그렇다면 우리의 질병, 우리의 건강 수준에서 발생한 거의 모든 일에 우리의 책임이 없지 않을 것이다.

그렇지만 파슨스는 정신신체론 외의 이론들이 그토록 확대되어 우리 불행의 책임을 우리에게 묻게 될지는 몰랐을 것이다.

가령, 우리가 질병 예방에 필요한 조치들을 온전히 취하지 않았다면, 충분히 '선견지명'을 갖고 조심을 하지 않았다면 병에 걸려도 다 우리 책임이라고 할 이들이 있을 것이다. 그러한 판단은 의식적이거나 무의식적인 생각이 신체 상태에 직접 영향을 끼친다는 가정과 상관없이 내릴 수 있다.

예를 들어 에이즈 같은 병에 대해서 흔히들 그런 식으로 말하지 않는가.

'사전 예방주의' 추론은, 적어도 부분적으로는, 대부분의 질환에 대해 원인을 설명할 수 있다. 감기처럼 가벼운 병에서부터(충분히 덮어쓰지 않아서 감기에 걸렸다든가) 에이즈 같은 중증 질환까지(조금 다른 의미에서 충분히 덮어쓰지 않아서 에이즈에 감염되었다든가) 말이다.

정신신체론과 사전 예방주의가 결합을 할 수도 있다.

실제로 바이러스나 박테리아 감염 질환을 앓는 사람은 경솔하게, 본의 아니게, 그저 조심을 하지 않았거나 생각이 모자랐기 때문에 그런 병에 걸렸다고 보지 말라는 법이 없다.

신체 상태를 심리적 지향으로 설명하기 좋아하는 사람들은 결국 환자가 그 병에 걸리기를 '원했던' 거라고 할 것이다.

환자들이 탈퇴를 '바랐다.' 그들은 자기 역할의 의무와 일을 해야 한다는 명령에서 제외되기를 '욕망했다.' 그래서 그들은 자기 보호를 '망각함으로써' 그러한 감염성 질병에 걸리기 쉬운 상태를 자처한 것이다.

보험 회사들의 태도도 환자의 책임 영역을 확장하는 데 한몫을 했을 수 있다.

더없이 실력 좋고 덕망 높은 의사조차도 그의 환자가 본인의 건강 상태에 아무런 책임이 없으므로 보험금을 수령할 권리가 있다고 보험 회사를 설득하려면 꽤나 곤란을 겪을지 모른다.

보험 회사는 언제나 비용을 줄이고 이윤을 남겨야 한다는 목표를 추구하므로, 자진하여 환자가 된 사람에게는 보험금을 지불할 수 없다는 입장을 내세울 수도 있다.[161]

정신신체론이나 사전 예방주의가 지배적이고, 보험 회사들은 보험금을 가급적 지급하지 않으려고 하는 환경 속에서 환자의 무책 조항을 강조하기란 결코 쉽지 않다.

조금 더 비관적으로 생각해 보자면, 앞으로는 사회가 환자를 어쩔 수 없는 피해자로 인정하고 보호해 주는 게 아니라 무의식적으로라도 자진하여 사회의 이익을 해친 자로 보아 처벌을 할지도 모른다.

그때에는 환자들이 범죄자 취급을 당할 것이다. 지난 세기 대전 당시 전장에 나가지 않기 위해 자기 신체 일부를 훼손한 병사들,

혹은 새뮤얼 버틀러의 『에레혼』에 나오는 가상 국가의 국민들처럼 말이다.[162]

'환자-전문가'의 탄생

원칙적으로 의사와 환자가 맺는 암묵적 계약은, 의사는 환자를 완치하기 위해 자기가 할 수 있는 최선을 다하고 만약 치료가 불가능하면 솔직하게 왜 치료를 할 수 없는지 환자에게 말하기로 하는 것이다.

그러나 (현재의 의학으로) 완치는 불가능하지만 환자의 목숨을 완전히 앗아 가지도 않는 질병들이 점점 더 많아지고 있다.[163]

과거에 의사와 환자가 체결했던 암묵적 계약은 이러한 사정 때문에 완전히 달라진 것처럼 보인다.[164]

환자는 이제 완치를 추구한다기보다는 '생리학적인 최적 결과'를 원한다. 이제 우리는 어떤 질병들에 있어서는 완벽한 '건강 회복'이 불가능하다는 사실을 주저 없이 인정한다.

'가급적 정상적인 생활'로 돌아가기만을 바라고 그 이상은 꿈꾸지 않는 것이 치료 계획의 새로운 기준이 되었다.[165]

하지만 이 새로운 기준은 오만 가지 사회적 변수를(이처럼 풍요로운 사회에서 '정상적인' 것이 우리만큼 부유하지 않은 다른 사회들에서도 정상으로 통할 리는 없다), 그리고 심리적 변수를(그러한 기준은 우리의 선호, 기대, 개인사 등을 고려해야 할 것이다) 끌어들인다. 그런데 그러한 변수들을 이해하는 것은 신체의학 혹은 이른바 '객관적인' 의학을 임상적으로 적용하는 이들의 소관이 아니다.

이 때문에 환자는 해석과 치료의 과정 속으로 끌려 들어간다.

환자는 '가급적 정상적인 생활'이 어떤 것인지 규정하는 과정에서 그가 해야 할 역할이 있다. 그러한 생활은 환자 개인의 선호나 기대와 완전히 동떨어져 있을 수 없기 때문이다.

그는 이 단순한 사실로 인하여 '환자–전문가'가 된다.[166]

자율적 환자의 탄생

게다가 만성 질환 환자는 자신을 파슨스가 생각했던 환자 역할에 끼워 맞추려 애쓰지도 않는다. 다시 말해, 환자는 사회생활과 경제 활동에서 열외가 된 이유를 정당화하려고 애쓰지 않는다. 그는 오히려 그런 책임을 지지 않으려 한다.[167]

그는 자기 병이 일시적이지 않다는 것을 알기에 환자 역할을 받아들이면 노동 공급의 흐름에서 영원히 벗어난다는 것을, 사회생활과 개인적인 계획을 포기해야 한다는 것도 안다.

게다가 의료진과 가족도 환자가 사회적 역할을 거부하게끔 체계적으로 몰아갈 것이다. 그들은 병에 걸렸는데도 일을 계속하고 (노동 시장의 환경과 신체 능력을 감안할 때 노동이 완전히 불가능하지 않다면) 사회적 의무를 다하라고 하지 않는다.

이 때문에 점점 더 많은 전문가들이 파슨스 모델은 의사가 '치료할 수 있는' 병에나 적용 가능하고 만성 질환의 경우에는 환자의 새로운 역할을 기술하기에 적합하지 않다고 본다.[168]

만성 질환 환자가 여전히 적극적이고, 일이나 운동을 하고, 개인적 계획을 실행에 옮긴다면(다행히 그에게 더 쾌활하고 명랑하며 유머러스하게 살 것까지 요구하지는 않지만) 의사가 그러한 태도에서 끌어내야 하는 결과가 있다.

이 경우, 환자가 진료와 치료를 받는 시각과 장소를 선택함에 있어서 의사는 환자의 자유를 어느 정도 허락해야 할 것이다. 그렇게 하지 않으면 환자가 건강한 사람들의 세상에서 골칫거리가 될 테니까.

그들은 또한 치료의 일부를 환자가 자기에게 가장 잘 맞는 환경에서 스스로 행할 수 있도록 넘겨주어야 한다. 그러지 않으면 환자가 노동, 사회생활, 질병으로 인한 신체적·정신적 고통도 모자라, 치료를 받으려면 늘 병원을 찾아가야 하는 부담까지 져야 한다.

이리하여 '자율적' 환자가 탄생한다.[169]

'소비자' 환자의 탄생

장기 질환들이 의사와 환자의 역할에 대한 우리의 생각에 불러온 변화와는 별개로, 좀 더 일반적인 '사회' 현상도 이 생각을 전면적으로 다시 돌아보게 한다.

과거의 환자는 아무것도 모른 채 의사에게 복종하는 자의 상태에 있었다. 사도마조히즘을 방불케 하는 관계에서 의사에게 신의를 지켜야 했던 과거의 환자는 이제 건강 상품의 '소비자'라는 위치를 차지한다.

시장 사회 안의 소비자가 으레 그렇듯, 환자도 상품과 공급자를 스스로 택할 수 있다.[170]

두 번째 의견, 혹은 세 번째 의견을 구하려 이 의사 저 의사를 전전하는 의료 '노마디즘'은 점점 더 두드러지고 있다. 환자들은 주치의를 갈아 치우고, 병원 상(賞)을 남발하는 잡지들을 탐독하고, 특정 분야에서 '알아주는' 명의에게 진료받고 싶어 한다.

환자는 진료 일정을 잡기 위해서 여러 병원에 전화를 걸어 비교해 보고 인터넷에서 부가 정보를 찾아보기를 주저하지 않는다. 마치 여름휴가를 떠나기 전에 항공편과 호텔을 가격 비교 사이트에서 쭉 검색해 보듯이 말이다.

환자는 장시간 대기 후에 (의료보험 적용으로) 비용이 덜 부담되는 진료를 받을 수도 있고, 똑같은 의사라도 비용을 더 내고 곧바로 진료를 받을 수도 있다.

또한 의사가 처방한 약이 지나치게 비싸거나 보험 환급이 되지 않는다는 이유로 환자가 복용을 포기하는 경우도 있을 수 있다.

재수 없게 입원이라도 하게 되면 병원에서 어떤 서비스는 비용이 추가되는 선택지라는 것도 알게 될 것이다(1인실 사용, 텔레비전 시청 등). 돈을 더 내고 그 서비스를 이용하느냐 마느냐는 순전히 환자 결정에 달렸다.

환자들은 다양한 이유에서—그중 일부는 보건 분야에 대한 긴축 정책과 밀접한 관련이 있는 이유들이다 — '결정의 득실을 재어 보는' 일반적인 소비 주체들처럼 행동하곤 한다.[171]

신의를 지키는 환자와 금전적 이익보다 환자의 건강을 중시하는 의사 사이의 옛 계약, 탤컷 파슨스가 생각했던 그 계약은 완전히 구닥다리가 된 듯 보인다.

새로운 모델에서 환자는 '고객' 혹은 '소비자'다. 그는 최소 비용으로 최선의 서비스를 받고자 한다. 공권력은 이 새로운 모델을 강력하게 떠받친다.

공권력은 수십 년 전부터 이른바 '합리화'와 '예산의 최적화' 정책들에 주력해 왔다. 이 정책들은 무엇보다 국민 건강에 대한 국가의 지출을 줄이는 것을 목표로 한다. 환자가 '합리적 소비자'가 되는 편이 이 목표의 달성에 유리하다고 판단했던 것이다.

부자와 빈자

파슨스 모델은 부자와 빈자에게 똑같이 적용될 수 없다.

가장 가난한 사람들은 경제 활동에서 탈퇴할 도리가 없다. 다시 말해, 그들은 병에 걸려도 사회적 의무를 방기하거나 일을 그만두기가 쉽지 않다.

더욱이 빈자들이 사회적·경제적 의무를 면하는 경우는 부자들과 달리 흔치가 않다. 빈곤층은 '게으르다는' 편견 때문에 우리는 정반대로 생각하기가 쉽지만 말이다.[172]

중증 질환을 앓으면서도 돈을 벌기 위해 계속 일을 하거나 부모, 자식, 친구를 보살펴야만 하는 가난한 사람들의 예는 안타깝게도 너무나 많다.

가장 부유하다는 나라들에서조차 빈곤층이 늘어나고 실업이 증가하고 사회 지원이 악화되면서 병 때문에 일을 포기할 수 있는 가능성은 점점 더 제한되고 있는 듯하다. 일을 계속하면 건강을 해치게 될 것이 너무나 명백한 상황에서조차 말이다.

대다수의 경험을 일탈이라고 부를 수 있을까

질병을 '일탈'의 한 형태로 취급한다는 사실은 상당히 놀랍다. 일탈은 그 정의상 일반적인 규범에서 벗어남을 뜻하므로 그런 경우가 수적으로 제한되어 있지만 질병은 사람이라면 누구나 겪을 수 있는 일반적인 조건 아닌가. 더욱이 작금의 고령화 사회에서 만성 질환은 그 수가 점점 더 늘어나고 있다.

이처럼 대다수가 겪을 수 있는 부침을 '일탈'이라고 부르는 것은 사리에 맞지 않는다. 오히려 병을 앓는 것보다 언제나 건강을 유지하는 것이 '일탈'이라고 부르기에 더 적합하지 않을까!

일탈과 낙인찍기를 혼동하지 말라

파슨스는 환자의 역할에 결부된 의무들 가운데 자격과 권위를 갖춘 이에게 '질병'을 공식적으로 인정받고 그 상태에서 벗어나기 위해 최선을 다해야 할 의무도 있다고 보았다.

그렇지만 어떤 질병(예를 들어 에이즈)은 지금까지도 크나큰 불명예가 되기 때문에 환자가 의사에게조차 대놓고 상담하기를 주저할 수도 있다.

이런 병에 걸린 환자들은 환자의 사회적 의무 중 어떤 것들을, 가령 자격을 갖춘 의사에게 건강 상태를 공식적으로 확인받아야 할 의무를 외면하고 싶어 한다.

하지만 주의 깊게 생각하라! 환자들이 결국 그런 의무들을 방기하기로 결심한 이유는 그들이 사회 규범을 거부하거나 규범에 항거하기 위해서가 아니다. 따라서 그들을 '일탈자' 혹은 '보건 위생 관련 범죄자'라고 볼 수는 없다.

단지 그들은 그런 병이 자기에게 '낙인을 찍는다는' 사실을 의식해서 그렇게 행동한 것이다. 자기가 병에 걸렸다는 사실을 공개하면 치욕의 표지가 들러붙게 되리라는 것을 잘 알기 때문에.

따라서 (환자의 역할에 결부된 의무들을 일부 다하지 않았다는) '사회적 과오'는 그들에게 책임을 묻기보다는 사회적 환경에 물어야 할 것이다. 그들이 환자로서 해야 할 바를 다하면 사회적 환경이 그들의 평판을 떨어뜨릴 위험이 있기 때문이다.

파슨스는 '일탈'과 '낙인찍기에 대한 두려움'을 뚜렷하게 구분하지 않았다. 환자가 공개성에 대한 사회 규범을 거부하거나 빠져나가려고 구체적으로 애를 썼다면 그 행동은 일탈이다. 하지만 환자가 사회 규범을 받아들이되 그 규범 때문에 자신이 불가촉천민처럼 취급받을까 봐 두려워한다면, 다시 말해 자기 건강 상태를 공개하고 회복을 위해 노력할 때 따르는 차별을 두려워한다면 이 행동은 일탈이라고 보기 뭐하다.

내가 보기에는 이러한 혼동이 파슨스의 추론을 상당히 힘 빠지게 한다.

의사를 질병 생성의 주체로 보다

파슨스는 의사에게 억압적인 역할을 부여했지만 의사의 역할이 과연 그것뿐일까. 의사는 또한 '질병 생성'의 주체이기도 하다.

여기서 나는 '의원성(醫原性)' 질병, 즉 의학으로 건강해진 사람보다 의학 때문에 병이 생긴 사람이 더 많다는 식의 얘기를 하려는 것이 아니다.[173] 대중에게는 이런 얘기가 늘 인기가 좋지만 말이다.

나는 어떤 신체 상태나 정신 상태가 질병들의 공식 목록에 들어갈 수 있는지, 또한 어떤 상태는 질병으로 인정받을 수 없는지(일례로, 동성애는 이제 질병으로 간주되지 않는다[174]) 결정하는 기관과 제도에 의사들이 실질적 구성원으로 들어가 있다는 얘기를 하고 싶은 것이다.

이 같은 도덕적·정치적 의미에서의 질병 '생성자'로는 의사 외에도 국가, 거대 제약 회사 연구소, 다양한 건강 관련 기구들, 교육 및 연구 기관들, 의학 서적 출판업자 등을 꼽을 수 있겠다.

만성적인 수입원으로서의 만성 질환

항암제는 암을 완치해 주지 않는다. 항암제의 목적 자체가 환자의 생존을 다소간 연장하는 데 있다. 이러한 사실들은 의료 제도에 심각한 결손이 있다는 인상을 준다.

원칙적으로 의료 제도는 치료의 본래 목적, 다시 말해 고통스러운 생존이 아니라 완치를 겨냥한 의학 연구들을 자극하고 격려해야 할 것이다.

그렇지만 만성 질환이 급증하고 감염성 질환이 기록적으로 빈발하거나 속속 새롭게 등장하면서[175] 약학 산업은 승승장구하고 있다. 이제 우리는 이 산업이 이 사태를 방조하고 있지 않은가 의심을 품기에 이르렀다.

제약 회사들이 잇속을 채우기 위해 항암제를 근본적인 치료 효능은 그리 높지 않게 제조하는 것 같다고 말하는 연구자들도 있다. 정신 질환에 처방되는 약들이 제약 회사들에게 복덩이(다른 말로는 돈벌이)가 되었던 것과 마찬가지다.

"치료 효과가 있는 약은 환자에게나 좋은 것이지, 거대 제약 회사들에게는 좋지 않다. 만성 질환은 만성적인 수입원이기도 하다."[176]

제약 회사와 의사의 관계가 점점 더 긴밀해지고 있으니 그에 따른 변화가 의료 연구 및 실태의 조건에 일어난다 하여 딱히 놀랄 일은 아니다.

이제 의료 연구와 실태는 병을 고칠 수 있는 값싼 약을 개발하고 전파하려는 의지보다 근본적인 치료는 하지 않으면서 눈이 튀어나올 만큼 값비싼 약을 찾으려는 의지에 휘둘리고 있다.

물론, 이러한 가설을 단순히 '음모론'으로 해석하려 해서는 안 된다.[177]

약학 산업이 일부러, 의식적으로, 치료 효능이 없는 비싼 약을 개발하고 유포한다는 주장에 결정적인 증거는 없다.

그렇지만 이윤 추구가 주요한 동기가 된 마당에, 이런 식으로 어떤 기관의 목적성이 비정상적으로 왜곡되지 말라는 법도 없다.

가령 미국에서는 교도소들이 민영화하면서 출소자의 재범 방지 사업이 크게 위축되었다. 과거의 국영 교정 시설들은 수감자들이 다시는 범죄를 저지르지 않도록 하는 것을 가장 중요한 목표로 삼았는데 말이다.

민간 기업이 생각하는 최고의 소비자는 충성도가 높은 고객이고, 민영 교도소는 재범자를 그저 '충성도 높은 교도소 이용 고객' 정도로만 생각할 수도 있다. 그렇게 본다면 민영 교도소가 재범 방지 사업에 힘을 쏟지 않는 것도 이해가 간다.

미국에서 민간 기업들이 교정 시설 운영에 점점 더 많이 뛰어들

면서 수감자는 폭발적으로 증가했다.[178]

흔히들 생각하기에는, 범죄율이 급증했기 때문에 수감자가 급증했고 공공 부문에서 수요를 다 감당할 수가 없으니까 민간 기업들까지 진출했을 것 같다.

그렇지만 실제로는 원인과 결과가 정반대였다. 교정 시설이 먼저 민영화되었고 이 때문에 수감자와 재범률이 늘어났다는 주장은 완벽하게 성립한다. 민영 교도소들이 출소자들의 재범을 막기 위해서 어떤 조치를 취해야 하는지 몰랐다는 점도, 적어도 부분적으로는 이유로 작용했을 것이다.

수감과 재범이 민영 교정 시설의 주된 수입원이라는 사실이 이 상황을 가장 잘 설명해 줄 수 있을 것이다.[179]

특권의 끝

의학은 교회로부터 자율성을 획득했다. 의학은 국가에 대해서도 비교적 독립적인 감독 기관들을 가질 수 있게 되었다.

의학은 '과학'이라는 귀족 작위를 얻으면서 마법, 주술의 전통 전체와 완전히 결렬했다.

의학은 전문가들의 소관이 되었다. 이로써 의료진 사이에서 확고한 위계질서가 수립되었다. 이 위계에서 아래쪽을 차지하는 간호사, 조산사, 간호조무사 들의 의료 지식은 하찮게 여겨진다.[180]

마지막으로, 의료진과 환자 사이에는 넘을 수 없는 간극이 생겼다. 의료진은 자격을 전면에 내세운다. 그들은 의학에 문외한인 환자가 아무리 의료 지식을 얻으려고 애쓴다 해도 이 자격에 미치지는 못할 거라 생각한다.[181]

탤컷 파슨스의 시각은 이러한 사정을 잘 나타낸다.

그러나 이제 의료 기관의 특권은 점점 더 비대해지는 약학 산업과 정부의 공공 지출 통제에 위협당하고 있다. 의료 기관은 이로써 자신이 예로부터 열망해 왔던 자율성을 일부 상실했다.

다른 한편으로, 누구나 예측할 수 있듯이 의료 데이터가 전산 처리되면서 인간의 판단은 차츰 신뢰를 잃을 것이다. 전격적인 진단 혁신이 실제로 일어난다면 살과 뼈로 이루어진 인간 의사의 능력에 대한 믿음은 무너질지도 모른다.[182]

모든 종류의 사회학 연구들은 의료진 사이의 경직된 위계질서가, 의료 지식의 좁힐 수 없는 차이보다는 가장 윗자리를 차지한 자들이 가장 낮은 자리에 있는 자들과 거리를 두고자 하는 의지에서 비롯한다고 분석한다.[183]

이러한 사회학적 현실은 좀 더 문학적인 텍스트들에서도 잘 표현되었다. 일례로 프랑수아 베고도François Bégaudeau가 간호사 이자벨의 일상을 묘사한 글을 보자.

간호사는 처방을 내리지 않는다. 처방은 의사의 특권이다. 의사도 전반적으로는 한낱 인간이고, 고로 실수를 할 수 있다고 해도 말이다. 한번은 그녀가 환자에게 꼭 필요하다고 생각한 항응고제를 심장 전문의가 다시 처방해 주지 않은 적이 있다. 이자벨은 의사에게 환자가 약을 아주 끊는 것인지, 아니면 처방을 깜박 잊은 것인지 물어봤다. 의사는 '끊어도 됩니다'라고 대꾸했다. 하지만 그날 저녁 차트를 살펴보니 항응고제가 다시 처방되어 있었다. 의사는 절대로 자기가 깜박했다고 인정하지 않을 터였다. 하물며 자기보다 전문성이 떨어지는 간호사에게 실수를 들킬쏘냐. 뭘 아는 사람들과 알지 못하는 사람들이 있다. 그렇잖으면 사람들이 어디를 찾아가겠는가? 이자벨은 대등한 입장에서 의료를 논한다는 것은 생각조차 할 수 없는 일이라는 것을 금세 알았다.[184]

하지만 말이다!

의사를 찾아가지 않고도 온갖 증상을 관찰하고 분석할 수 있다. 진단 자체는 의사의 특권이므로 아랫사람들이 토를 달지 않는다는 조건에서 의사는 자주적으로 진단을 검증한다.

세월이 흐르면서 의료 실태는 흡사 판례처럼 굳었고 일부 의료 행위는 간호사들의 영역으로 넘어왔다. (⋯) 간호사들은 원래 정맥 주사를 놓을 권한이 없으므로 의료 실태가 쌓이고 확고해져야만 했다. 의사가 일이 많아 정맥 주사 놓을 능력이 있는 간호사들에게 그 업무를 넘기게 마련이라는 식으로.[185]

능력 차이가 실제로 존재하더라도 그 차이는 '좁힐 수 없는' 것이 아니다.

적어도, 과거에는 의사가 맡았던 의료 업무가 점점 더 많이 간호사에게 넘어가고 간호사가 맡았던 업무는 점점 더 많이 간호조무사에게 넘어가고 있다는 사실을 봐서는 그렇다.

엄청난 임금 격차를 고려한다면 이 같은 업무 위임은 오늘날 공권력이 맹목적으로 숭배하는 '비용 절감'에 요긴할 것이다.

그렇지만 의사의 업무를 간호사가 위임받는다는 것은 좁힐 수 없는 능력 차이가 실제로는 존재하지 않는다는 사실을 보여 준다. 그러한 압도적인 능력 차이가 의사들의 높은 임금과 사회적 특권, 다른 의료진은 하급 인력 취급하는 현실을 정당화하는데 말이다.[186]

나는 몇 번째인지도 모를 항암 치료를 받으면서 사회적 잉여물이 된 것 같았던 기분에 철학적 근거를 마련하고자 의료 관계의 연극적인 측면을 특히 강조했다.

내 생각에, 우리가 환자로서 의사의 은혜를 입고자 일부러 연출하는 모습들을 의식한다면 이 기분을 좀 더 잘 이해할 수 있을 것 같다. 물론 의사는 의사대로 자기 능력을 과시하고 환자가 잘되기를 바라는 모습을―이게 사실이든, 꾸며 낸 것이든 간에―보이려 노력한다. 의사들끼리의 경쟁을 자극하고 의사의 능력이 예전만큼 절대적으로 여겨지지 않는 새로운 의료 환경에서는 특히 더 그렇다.

의료 관계를 일종의 연극으로 의식한다고 해도 환자가 정말로 비극적인 고통을 겪는 사태, 의사가 진심으로 타인을 걱정하고 돌보는 사태는 있는 그대로 인정할 수 있다.

16

통증의
역사

간호조무사가 내 배에 혈압계를 떨어뜨린 다음부터 줄곧 불안해 미치겠다. 급작스러운 충격으로 봉합이 터진 게 아닌지 걱정된다. 만약 그렇다고 하면 이 지독한 통증도 설명이 될 것이다.

하지만 실은 나도 안다. 통증은 그 전에도 심했다. 비겁하게 애먼 간호조무사를 탓하려 했던 나 자신이 한심하다.

아무리 뒤척여도 편한 자세가 나오지 않는다. 의사들에 대해서는 뭐라고 해야 할지 모르겠다. 그들은 매일 회진을 돌면서 내 침대에 다가와 의례적으로 한두 마디 던지고("좀 어떠세요?") 매일 측정하는 지표들을 흘끗 살펴본다("다 정상이네요"). 그런 말은 나에게 아무런 의미도 없다. 내가 알기로, 의사들은 내가 죽거나 가혹한 통증에 시달려도 똑같은 말을 하고는 단체 여행 패키지 관광객들처럼 우르르 서둘러 다른 데로 가 버릴 수 있을 것이다.

모르핀을 다량 투여했는데도 아파 죽겠다는 내 호소를 내 집도의가 불현듯 심각하게 받아들인 이유가 뭔지 모르겠다.

이제는 환자의 신체적·정신적 고통을 고려하는 태도가 크게 개선되었다는 뉴스인지 선전인지 모를 얘기를 매일 접할 수 있다. 그렇지만 암의 경우, 의료 위계의 최상부에 위치한 의사들의 가장 주요한 관심이 환자의 통증을 덜어 주는 것이라고는 할 수 없다.

> 우리나라[미국] 의사들 중에서 항암 치료의 부작용을 돌보는 이들은 거의 없다. (…) 미국에서는 탈모, 구역질, 구토, 혈관 폐색, 병원비 문제, 파혼, 자녀들의 불안, 성욕 감퇴, 자존감 하락, 부정적인 신체 이미지까지도 간호사들이 신경 써야 할 사항으로 본다.[187]

통증의 표현은 대체로 은유적이라는 점을 말해 두어야겠다. "전기 충격 같다," "수많은 바늘로 찌르는 것 같다," "배에 묵직한 돌을 올려놓은 것 같다" 등의 표현을 우리는 문자 그대로 받아들일 수 없다.

우리 사회에서 양성된 의사들은 이 불분명하고 주관적인 고통, 우리가 어릴 때부터 아는 고통을 질병의 원인에 대한 '객관적' 진단 작성에 유용한 용어들로 변환하는 사전이라도 장착한 듯이 보인다.

하지만 의사들이 일본의 아이누족이 즐겨 쓰는 동물의 은유를 이해하려면 상당히 곤란을 겪을 것이다.

아이누족은 두통을 곰 두통, 청딱따구리 두통, 게 두통, 낙지 두통 등으로 구분한다. 가령, 오한을 동반하는 두통은 차가운 물속에 사는 동물, 그러니까 게나 낙지의 두통으로 묘사될 것이다.[188]

통증을 그런 식으로 기술한다 하여 의료진이 환자가 느끼는 통증을 파악하는 데 더 도움이 될지는 잘 모르겠다.

그러나 통증 위치 측정의 문제는 환자 입장에서 의료진의 진단을 이해하기 힘든 상황을 낳을 수도 있다.

어디가 아픈가?

내가 무릎이 아프다고 말한다면 무릎 '속에' 통증이 있는 것인가, 아니면 무릎에서 시작된 신경 회로가 도달하는 뇌 속에 통증이 있는 것인가, 그것도 아니면 내 몸 전체 혹은 나라는 사람 전체가 아픈 것인가?

이런 물음이 나올 수 있는 이유는 우리가 객관적인 손상 부위에서 상당히 먼 신체 기관에서도 통증을 느끼곤 하기 때문이다. 이러한 통증을 이소통(異所痛) 혹은 투사통(投射痛)이라고 부른다.[189]

허리가 끊어질 것 같은 요통의 원인이 허리 그 자체가 아니라 췌장의 손상일 수도 있다. 팔이 뻐근하고 아프다고 생각했는데 팔에는 아무 문제가 없고 심장마비 전조 증상일 수 있다. 그 밖에도 비

슷한 예가 많이 있다.[190]

우리는 이런 식으로 생겨 먹었기 때문에 통증 부위를 착각하기 쉽다. 또 어떤 사람들은 '내면의' 통증을 지각하고 기술하는 법을 배우지 못했다는 문제가 있다. 신체 기관의 손상을 직접적으로 지각할 수 없는 경우, 그러한 무지가 통증 위치를 바르게 파악하는 데 걸림돌이 될 것이다.

어쨌거나 통증이 '머릿속에' 있다고 가정하는 사람들은 이미 절단되고 없는 신체 기관에서 아픔을 느끼는 환각통 현상을 강력한 근거로 내세울 수 있다. 팔을 절단한 사람이 느끼는 통증이 팔 '속에' 있다고 할 수는 없다. 그에게 팔은 이미 붙어 있지도 않으니까!

그러나 작금의 과학적 논쟁에서 그러한 가정이 객관적으로는 유일하게 타당해 보일지라도 주관적인 관점, 혹은 현상학적인 관점에서는 얼마든지 반론에 부딪힐 수 있다.[191]

신체 절단 환자는 여전히 통증이 자기에게 없는 그 기관 '속에' 있다고 믿을 수 있다(미친 사람처럼 보일까 봐 대놓고 그렇게 주장하지는 못하더라도).

사실, 통증이 머릿속에 존재하는가 아니면 손상된 기관 속에 존재하는가라는 문제는 지금까지 확답을 얻지 못했다. 이른바 '객관적인' 관점에서조차도 말이다.

어쩌면 우리는 통증이 머릿속이나 손상된 기관이 아니라 우리의 몸 전체에 있을 가능성을 검토함으로써 이 딜레마를 극복할 수 있을지도 모른다.

그래서 비트겐슈타인은 사고실험 삼아 신체적 고통도 정확한 위치를 파악할 수 없는 정신적 고통처럼 생각하는 편이 더 낫지 않을까 하는 질문을 던진다.[192]

가령, 우리는 공포나 수치심이나 불안을 느낄 때 정확히 어디가 안 좋은 것인가?

이 질문은 말이 안 되는 것처럼 보일 수도 있다. 혹자는 이런 질문을 받자마자 "내 몸 전체요"라든가 "내 신체 기관이 아니라 나 자신이 그런 감정을 경험하는 거잖아요"라고 답할 것이다.

그렇다면 신체적 고통에 대해서도 이렇게 답할 수 있는 가능성을 왜 배제한단 말인가?

1부터 10까지의 통증 척도

하지만 일부 의사들이 이 같은 철학적 성찰 때문에 통증에 대한 환자의 설명과 묘사를 액면 그대로 믿지 못하게 된 것은 아니리라. 그보다는 환자가 실제로 느끼는 통증을 측정하는 기법의 한계가 더 큰 문제일 것이다.

환자에게 통증을 0에서 10까지의 숫자로 표현해 보라고 요청하는 표준적인 방법이 있기는 하다. 그러나 이 방법은 그리 믿을 만하지 않다. 환자 입장에서는 이 척도상의 숫자가 자신이 요청하고자 하는 진통제의 양에 비례한다는 것을 금세 깨달을 것이다. 하지만 의사들도 그 점은 잘 안다. 게다가 의사들은 이 방법으로 통증을 호소할 일이 특히 많은 만성 질환자들이 실제보다 더 아픈 척하는 확률이 높다고 생각하는 경향이 있다.[193]

그런데 내 수술을 집도한 의사는 왜 갑자기 내 호소에 주의를 기울였을까?

마르셀 프루스트도 신기하다고 했던 실력 있는 임상의의 '직감'이었을까? 사실, 어리석은 사람이나 (『잃어버린 시간을 찾아서』의 코타르 박사처럼) 그리 관심을 끌지 못하는 사람이 그런 직감을 내놓을 수 있다. 그리고 직감은 완벽하게 믿을 만한 것이 아니다(코타르 박사의 처방은 효력이 입증되지 않았으므로 일단 따르기 전까지는 환자에게 이로울지 오히려 해가 될지 알 수 없었다). 프루스트는 이 의사의 직감을 "삶의 나머지 부분에서는 형편없으나 자기 결정에 조국의 운명이 달려 있을 때에는 잠시 고민한 후 군사적으로 가장 현명한 결정을 내리고 '동쪽에서 맞선다'라고 명령할 수 있는 장군의 위대함 같은 것"이라고 말한다.[194]

잠시 숨 돌릴 겨를이 생긴 나는 통증의 문화적·역사적 상대성을 규명하고자 했던 모든 연구들을 생각해 본다.

나는 그런 연구들이 주관적으로 느끼는 감각과 외부에서 귀속시킨 감각을 혼동하는 경향이 있다고 본다. 통증의 귀속은 관찰 가능한 행동을 바탕으로 하지만 때로는 사회적·문화적 편견, 심하게는 인종주의나 반유대주의, 외국인 혐오에 휘둘리기도 한다.

일례로, 미국에서 실시한 사회학적 연구들 중에는 어떤 공동체에 속해 있느냐에 따라서 개인이 느끼고 표현하는 통증이 다르다고 주장하는 연구들이 있다.

이 주제를 다룬 최초의 연구 중 하나는, 유대계 미국인이나 이탈리아계 가톨릭 미국인이 조상 대대로 미국에 정착해 살아온 개신교 가정 출신의 미국인보다 자신의 신체적 고통에 더 주의를 기울인다고 보았다.[195]

유대계 미국인이나 이탈리아계 가톨릭 미국인은 개신교 가정 출신 미국인보다 통증을 더 감정적이고 더 요란하게 보란 듯이 극적으로 드러낸다는 것이다.

그들이 통증을 과장하는 경향이 있는 반면, 개신교 미국인들은 통증을 대수롭지 않게 여기고 금욕적으로 감내하는 편이라나.[196]

하지만 그 이유는 유대계 미국인이나 이탈리아계 가톨릭 미국인이 통증에 더 민감하기 때문일 수도 있다. 그들은 '통증 자극에 대한 임계점'이 개신교 미국인들보다 훨씬 더 낮을 것이다.[197]

게다가 통증의 지각과 표상이라는 면에서 유대계 미국인과 이탈리아계 가톨릭 미국인은 상당한 차이를 보여 주었다.

이탈리아계 가톨릭교도들은 현재의 아픔에 집중하고 격렬하게 불평을 하지만 일단 아픔이 사라지면 금세 잊어버린다. 하지만 유대인들은 지금 느끼는 아픔이 장차 어떻게 될 것인가에 신경을 쓴다. 그래서 통증과 결부된 불안이 통증 그 자체가 사라진 후에도 쉬이 가시지 않고 남아 있다.

또 다른 연구들에서는, 통증 감각을 기술하는 방식이나 통증 부위를 파악하는 까다로운 문제에서 문화적 차이가 존재함을 볼 수 있다.

아일랜드인들은 통증의 정도는 축소하되 통증 부위를 정확히 말하려고 애쓰는 경향이 있다("요즘 신문을 제대로 읽기가 힘듭니다"). 반면 이탈리아인들은 막연한 증상을 하소연하며("계속 머리가 아파 죽겠어요") 통증 그 자체보다 통증이 사회적·심리적으로 미치는 효과를 주로 이야기한다(기분 장애, 타인과의 관계 문제 등).[198]

어쨌거나 의사들, 특히 유서 깊은 개신교 가정 출신의 의사들은 자신의 통증에 지나치게 주의를 기울이거나 민감하게 구는 환자, 통증을 과장하거나 지나치게 대놓고 하소연하는 환자를 멸시하기 십상이다.

의사들은 또한 통증을 막연하고 알쏭달쏭하게 기술하는 환자들도 짜증스러워하는 경향이 있다. 진료 상황에서 통증이 있는지 없는지를 딱 부러지게 말하기보다는, 몸이 아파서 사회적으로나 심리적으로 어떤 어려움을 겪는지를 구구절절 늘어놓는 환자 말이다.

하지만 이 모든 결과들은 영화에서 지겹도록 우려먹은 유대인 사회, 이탈리아인 사회에 대한 클리셰를 한층 더 굳혀 줄 뿐이다(우디 앨런의 〈라디오 데이즈〉에서부터 프랜시스 포드 코폴라의 〈대부〉에 이르기까지). 우리는 여전히 이런 클리셰를 의심스러운 눈으로 보아야 할 이유가 있다.

통증이 순전히 문화적이고 사회적인 구성물에 불과하고, 시대와 '문명'에 따라서 통증의 의미가 달라진다는 생각도 다시 한 번 돌아볼 가치가 있다.

로즐린 레이는 통증의 역사에서 다음과 같은 사실을 알 수 있다고 말한다. "집단 기억에는 서양 문화의 틀 그 자체에 참을성의 한계가 희한하리만치 밀려났던 상황과 일화가 담겨 있다. 중세의 채찍질 행렬, 신체 일부를 절단하고도 말을 타고 다시 러시아 원정을 떠났던 나폴레옹의 군사들, 18세기에 자신에게 고행을 가하며 경련했던 생 메다르 묘지의 광신자들(그들은 숯불, 하얗게 달군 쇠, 구타와 상해를 두려워하지 않았다), 순교자들의 행렬, 신비주의자들의 생애(아빌라의 테레사는 고통 아니면 죽음을 달라고 하지 않았던가), 그 밖에도 다양한 종교와 철학을 배경으로 고통을 정신력으로 변화시킨 사람들에 대한 증언의 예는 넘쳐 난다."[199]

사회 혹은 특정 '문화'에 따른 통증의 의미 변화는 '통증의 개인적인 경험'에 영향을 미칠 것이다. "통증에 부여하는 의미가―피할 수 없는 시험, 나중에 잘되려고 먼저 경험하는 액땜, 벌, 팔자 등으로―달라짐으로써 통증에 대한 주체의 지각도 달라지고 통증에 대한 저항력도 높아지든가 낮아지든가 한다. 정신적 사기, 육체에 대한 정신의 지배 혹은 부수 과정에서 영웅심이나 의지가 생리학적인 저항 능력을 변화시킬 수 있다."[200]

이것은 기본적으로 이론의 여지가 있는 문화 상대주의의 표현, 근거 없는 경험적 주장들의 총체다(지적할 만한 곳이 한두 군데가 아니지만 특히 '생리학적인 저항 능력'이 의지에 따라 변할 수 있다는 주장이 그렇다).

게다가 조금 더 내려가면 저자도 자신의 문화 상대주의에 대한 의심을 표명하고 신체 저항력의 변화라는 문제로 돌아간다.

> 그렇지만 이 모든 개인적, 사회적, 문화적 특성들에도 불구하고 통증을 공포, 지옥, 연옥 같은 문화적 대상으로 볼 수는 없다. 통증은 해부학적이고 생리학적인 여건들을 기반으로 한다. 인간 조건의 보편성과 인간이라는 종의 생물학적 유일성이 확인되는 경험이 있다면 그게 바로 통증일 것이다.[201]

이 추론에는 뭔가 모순적인 데가 있다. 초반부의 지극히 상대주의적인 자세는 온데간데없고 보편주의적인 고찰로 결론이 난다.

내 생각에 우리가 이 물음들에서 얻어야 할 교훈은, 전장에서 술 한두 모금 꿀꺽하고는 비명 한 번 지르지 않고 팔이나 다리를 절단했다는 나폴레옹의 근위대가 요즘 사람들보다 통증에 둔감했다는 주장들에 대해서 최소한의 경계심을 가져야 한다는 것이다.

우리는 그 병사들이 '실제로' 얼마나 통증을 느꼈는지 알 방법이 없다. 단지 그들이 겉으로 드러낸 행동, 관찰자들이 그 행동을 보면서 했던 생각을 알 수 있을 뿐이다.

실제로는 염치나 체면을 생각하지 않고 되레 상상력을 발휘하여 통증을 기술할 수 있어야 한다. 극심한 신체적 고통을 말로 표현하는 데 도움이 되는 은유들을 잘 구비하고 있어야 한다. 마르셀린 로리당이벤스는 이 방면에서 알아줄 만한 수완이 있었다.

> 그럴 때 나는 몸에게 말을 건다. 방금 전까지도 나는 많이 아팠다. 몸에게 말했다. "날 잠시 좀 내버려 둬. 오늘은 내 생일이란 말이야. 벌써 이쪽에 통증이 있으니 저쪽은 건드리지 말아 줘." 나는 통증을 느끼는 부위에 말을 건다. 내 다리에게, 내 발에게, 내 어깨에게. 그래 봐야 대단한 도움은 안 되지만 조금만 괜찮은 기분이 들어도 그게 어딘가. 갑자기 내 몸 속에서 특수한 기계 장치가 작동하는 것 같았다. (…) 내가 어깨에 말을 걸면 어깨가 속에서부터 움찔거리는 것을 느낄 수 있다. 이게 내가 나 자신과 거리를 두는 방법이다. 자의에 심히 좌우되는 이 유머 감각은 최악의 비극을 교란시켜 그저 견딜 만하게라도 만든다.[202]

스캔 검사로 돌아가다

나는 스캐너를 다시 찍으러 가야 한다. 거기까지의 여정이 나는 자꾸만 두렵다. 내가 불편하든 말든 병원 사람들이 별생각 없이 이동식 침대를 밀고 복도를 질주하는 것도 마뜩잖고, 그들이 나를 침대에서 스캐너로 옮길 때 마치 죽은 동물을 다루듯 ─모든 인간이 그렇듯 나도 결국은 죽은 동물이 되고 말겠지만─다짜고짜 우악스럽게 들었다가 내려놓는 것도 싫다.

17

행복은
CEA 수치에 있다

화학 요법을 여러 차례 받는 동안 나는 어디에 쓰겠다는 뚜렷한 생각 없이 일기 형식으로 기록을 좀 해 두었다.

애초에 작정한 의도는 없었고, 철학의 당의(糖衣)를 입히지 않은 상태 그대로 출간한다는 생각도 영 내키지 않았다.

하지만 나중에 가서 이 기록이야말로 고통효용론이 설파하는 신화, 즉 고통을 통한 자기 개선이라는 신화에 맞서서 내가 보여주고 싶은 자료의 일부가 될 수 있겠다고 깨달았다.

실제로 이 기록은 불치병과 싸운다고 해서 우리가 반드시 더 나은 사람이 되거나 더 지적인 존재가 되지 않으며, 오히려 생존 가능성이라는 실제적인 신호에 집중하느라 정신과 감정의 지평이 좁아질 수도 있다는 것을 사례를 통해(이 경우에는 바로 나 자신의 예를 통하여) 보여 준다.

내 경우에는 혈중 CEA 수치 변화가 가장 주요한 걱정거리였다. 내 병에 무슨 '의미'가 있는지, 질병이 나에게 좋은 변화나 나쁜 변화를 일으켰는지, 병에 걸려서 차라리 잘됐는지 아니면 날벼락을 맞은 셈인지 하는 질문보다 그 수치가 훨씬 더 심각한 문제였다.

CEA의 리듬을 따라

문외한에게 CEA라는 약어는 수수께끼 같은 말이다.

이 약어를 풀이하면 '암태아성 항원carcinoembryonic antigen'에 해당한다.

내가 제대로 이해한 것이라면 이 단어는 몇몇 신체 기관 표면에 존재하며 세포 증식 과정의 발생을 알리는 단백질을 가리킨다.

배아에 이 단백질이 존재한다는 것은 좋은 신호다. 태아 형성에 필요한 세포가 빠르게 증식한다는 의미이기 때문이다.

그러나 성인에게는 나쁜 신호다. 암 환자의 경우에서 볼 수 있듯이, 세포의 이상 증식이 일어난다는 뜻이기 때문이다.

이러한 까닭으로 CEA는 '종양 표지자,' 즉 종양의 존재를 나타내는 지표 역할을 한다.

악성 종양이 없는 사람은 CEA 수치가 매우 낮다.

수치가 높아지면 종양이 커졌다는 뜻이다. 수치가 떨어지면 종양이 줄어들었거나 억제되었다는 것을 알 수 있다.

나는 나의 CEA 수치 리듬대로 살아간다. 내려가면 행복하고,

다시 올라오면 불안하다.

2013년 7월 30일

머지않아 퇴원한다. 2주쯤 있으려니 했는데 예상치도 않았던 합병증 때문에 장장 두 달을 묶여 있었다.

처음에는 이틀도 나에게 버겁다고 생각했고 2주라는 시간이 결코 극복할 수 없을 시련처럼 느껴졌다.

그리고 나서는 지긋지긋하고 번잡스러운 일과가 수많은 날들을 휩쓸어 갔다. 각종 검사, 투약, 식사, 간병이 줄줄이 이어졌다. 외과의들이 번개처럼 한 번씩 다녀갔고 물리치료사, 심리치료사, 미용관리사, 영양사 등은 좀 더 오래 있다가 가곤 했다.

내가 유일하게 진정으로 높이 평가하는 사회학자 어빙 고프먼 Erving Goffman은 후대에 길이 남을 명저 『수용소 Aslyums』에서 병원, 감옥, 병영, 수도원, 기숙 학교, 집단 수용소의 공통점을 지적하면서 '전체주의적' 기관이라는 개념을 사용한다.

병원에서 보낸 매 순간을 생각하면 『수용소』의 한 페이지가 떠오른다. 이를테면 병영에서 의무적으로 점호를 하듯 병원에서 아침에 갑작스럽게 기상할 때마다 '기시감'이 들곤 했다.

2013년 8월 1일

단기 입원을 장려하는 병원 당국의 방침이 있는데도 의료진은 나를 계속 붙잡아 두려고 했다. 나의 퇴원을 막을 이유가 전혀 없는데도 그들은 마치 나를 붙잡아 두는 것이 새로운 '경영'에 저항하는 그들만의 방식이기라도 한 것처럼 굴었다.

나는 퇴원 허가를 받기 위해 협상을 해야만 했다. 형기를 마치고 출소를 앞둔 범죄자가 교정위원회의 우려를 가라앉히기 위해 여기서 나가면 똑바로 살겠노라 맹세를 남발하듯이.

2013년 8월 17일

수술을 받고 나면 병에서 해방될 줄 알았다. 웹 사이트 독티시모에서 좀 알아보거나 의사들이 했던 말에 좀 더 주의를 기울일걸 그랬다. 뭐, 그렇게 하는 것도 나한테는 무리였겠지만 말이다. 어쨌든 그랬더라면 내게 닥칠 일을 적어도 막연하게나마 상상할 수 있었을 것이다. 사실 외과적인 치료는 첫 단계에 불과하고 효과도 확실치 않다. 수술을 받은 다음에는 재발을 방지하는 화학 요법을 받아야 한다.

공식적인 의료 절차 안에 남으려면 이러한 매뉴얼을 따를 수밖에 없다. 나를 낫게 해 준답시고 벌써부터 앞다투어 들이닥치는 돌팔이들의 손아귀에 넘어가지 않으려면 어쩔 수 없다.

2013년 8월 20일

'기적 24'라는 임상 실험에 참여하면 어떻겠느냐는 제안을 받았

다. 화학 요법보다는 장래가 촉망되는 축구 유망주에게 더 어울릴 법한 명칭이다.[203]

특정 형태의 췌장암을 억제하는 요법 두 가지의 효과를 비교하는 실험이라고 한다.

첫 번째 요법은 통상 단독으로 투여하는 항암제 '젬시타빈'을 쓰는 것이다. 두 번째는 비교적 최근에 출현한 삼중 요법으로 '폴피리녹스'라는 약을 쓴다. 비록 견디기 힘든 부작용이 있을지라도 재발 방지라는 면에서 삼중 요법이 더 효과적일 수 있으니 그쪽을 선택하라는 권유를 받았다.

나는 이 두 선택지 앞에서 에밀리 루아조Émliy Loizeau가 된 심정이다. 〈선택할 수 없어Je ne sais pas choisir〉를 부른 그 가수 말이다.

결심을 위해(또는 일체의 결정을 거부하기 위해) 의사에게 몇 가지 추가 정보를 요구했다. 의사의 겸손하고도 학구적이며 세심하기 이를 데 없는 대답이 놀라웠다.

그는 폴피리녹스가 중화기(重火器)나 다름없다고 했다. 그러면서 췌장암세포에 최대 작용을 한다는 면에서 폴피리녹스가 더 낫다고 덧붙였다. 하지만 치료법이 효과적일수록 예상되는 부작용도 더 잦고 더 혹독하다는 것은 거의 법칙이나 다름없다나. 그는 외과 의학도 이 법칙에서 벗어나지 않는다고 분명히 말해 두었다. 결론은, 어떤 요법과 그로 인한 당연한 결과는 의사가 정하고 환자는 받아들여야 한다는 것이다. 하지만 화학 요법은 수술을 보완하는 요법일 뿐 재발 방지를 절대적으로 보장하지 않는다는 점도 이해해야 한다고 했다.

언제나 이런 불확실함은 따르기 마련이라고, 의사는 침울한 어조로 말을 맺었다.

2013년 8월 22일

폴피리녹스 투여 가능 기한이 지났다(수술을 받은 후에는 더 빨리 결정해야만 했다). 운명과 나의 결정 장애가 대신 선택을 해 준 셈이다. 그나마 덜 힘들다는 젬시타빈만 남았다. 내 상태가 비교적 낙관적이니만큼 이 정도도 다행이라고 생각하고 젬시타빈으로 충분하리라 본다.

2013년 12월 26일

화학 요법 마지막 몇 주는 누가 뭐래도 가장 힘든 시기다. 시도 때도 없이 구역질이 나고 입맛은 아예 없다. 몸무게도 부쩍 줄었다. 거울에 비친 내 모습은 털 빠진 오리 같기도 하고 강제 수용소에서 살아남은 생존자 같기도 하다. 안타깝게도 두 번째 이미지 쪽으로 마음이 더 기우는 것 같다. 내가 나치 박해의 희생자들이 처한 상황 운운할 때마다 지인들은 실제로 수용소를 경험하고 살아남은 사람은 내가 아니라 우리 부모님이었다고 일깨워 줬다.[204] 인정하기 어려웠다. 언젠가는 다른 모습을 보이겠노라 다짐했다. 하지만 피골이 상접한 내 모습을 보고 있노라면 또 착각이 든다. 아무래도 나는 수용소 생존자가 맞는 것 같다(그런데도 기분이 그렇게 나쁘지는 않다. 왜 그런지는 분석을 해 봐야 알 것 같다).

어쨌든 이 그악스러운 고통의 끝을 보고 다 잊을 수 있으리라는 희망을 잃지 않는다.

수치심이나 질투, 원한 같은 정신적 고통은 그저 떠올리기만 해도 똑같이 고통스러운 느낌이 든다는 글을 종종 읽는다. 반면, 치통 같은 육체적 고통은 아무리 작정하고 떠올려 봐야 그 고통을 다시 겪게 되지는 않는다. 육체적 고통은 일단 지나고 나면 아무런 현실성을 띠지 않는다. 어떤 기억도 이미 겪은 감각을 되살리지 못한다. 이 때문에 육체적 고통은 그리도 쉽게 잊히는 것이다. 이 말이 맞기를 바랄 뿐이다.

2014년 2월 19일

방사선 검사를 받고 결과 분석이 나온 후 종양학과장을 찾아갔다. 그의 보고서에 따르면 전이도 없고 봉합도 전혀 뜯어지지 않았다고 한다.

결론은 완전관해(完全寬解).[205] 무슨 뜻인지 잘은 모르겠지만 축하하는 의미에서 파티라도 해야겠다.

2014년 4월 3일

며칠 전부터 몸이 영 좋지 않다. 기관지염이 떨어지지 않고(열흘 넘게 항생제를 썼지만 조금도 차도가 없다), 기침과 구역질이 그치지 않는다. 몸에 기운이 하나도 없고 기분은 완전히 처졌다. 몸이 나아지는 것 같으니까 신이 나서 이 사람 저 사람과 커피 한잔 하기로 약속을 했고 원고도 쓰기로 했는데 말이다. 이제 약속이란 약속은 죄다 취소해야 한다. 토악질을 할 때보다 더 고역스러운 상황이다.

2014년 6월 7일

작년부터 멈추지 않는 지독한 통증을 조금이라도 잊어 볼 심산으로 원고를 계속 붙들고 있다. 사람이 이토록 쉬지도 않고 아플 수 있다니 상상조차 못했다. 나의 순진해 빠진 철학은 쾌감이나 통증을 다 일시적인 것으로만 여겼다.

2014년 6월 15일

분석 결과를 받았다. CEA 수치부터 찾아봤다. 수치가 많이 높은 것 같다. 당황하지 않으려고 애썼다. CEA 수치가 믿을 만한 지표인지, 이 수치가 정확히 무엇을 가리키는지도 모르면서 무턱대고 흥분할 수는 없으니까. 게다가 솔직히 말하자면 이 복잡한 인식론적 문제에 대해 더 알고 싶은 마음도 없다. 차라리 아이슬란드 작가 아르드날뒤르 인드리다손의 빼어난 추리 소설 『저체온증』이나 조용히 읽고 싶다.

2014년 7월 7일

어찌 됐거나 종양학과 전문의는 결과적으로 크게 걱정하는 것 같지 않다. CEA 수치가 높기는 하지만 호들갑을 떨 정도는 아니란다. 내가 핀란드에서 돌아오는 대로 다시 이런저런 분석을 받기로 했다.

2014년 8월 11일

핀란드에서 한 달을 보냈다. 청어 튀김을 무더기로 쌓아 놓고 먹고, 감자가 무슨 신성한 채소라도 되는 양 무게를 달지 않고 낱개로 파는 나라. 발트해 연안에 있는 K의 여름 별장에서 일주일을 보냈다. 사우나가 갖춰져 있고 여흥거리라고 해 봐야 모기며 꿀벌, 들쥐를 쫓는 일뿐이었으니 편안하기 그지없었다(그 동네 토박이들은 그 밖에도 맥주, 다트 놀이, 장작 패기 따위를 즐기기도 한다). 나는 이런 유의 이국정취가 좋다. 하지만 나는 소로나 에머슨의 제자가 아니기에 단순하고 소박한 시골 생활에서는 진정한 철학적 기쁨까지 얻지는 못하겠다. 오히려 이따금 역할극이나 텔레비전의 리얼리티 프로그램 속에 들어와 있는 것 같은 기분이 들곤 한다.

2014년 9월 30일

오늘은 몹시 불안했다. 좋지 않은 CEA 결과 때문에 의사를 다시 만나야 한다. 수치가 56까지 올라왔다. 시험을 망쳤을 때와 비슷한 기분.

2014년 10월 1일

결과는 그냥 그렇다. 한바탕 비극 분위기를 내려면 '나쁜' 소식이라고 해야겠지만 말이다. 암이 재발했고 간과 폐에 전이됐다는 얘기를 들었다. 지난번보다 더 강도 높은 화학 요법을 받아야 한다. 폴피리녹스 요법을 처방받았으니 혹독한 부작용도 받아들여야 한다. 인터넷에서 약학 정보를 찾아보니 심란한 부작용들이 주르르 뜬다. 탈모, 손발 피부의 튼살, 물집 등.

　나는 이 요법만은 피할 수 있을 거라 생각했다. 폴피리녹스를 쓰게 되었다고 나에게 알리는 의사의 표정이 어찌나 안쓰러운지 힘내라고 꼭 안아 주고 싶을 지경이었다. 다행히 그렇게 하지는 않았다(나보다 몇 뼘은 더 큰 의사를 껴안았다가는 퍽 볼만한 장면이 나올 뻔했다!).

　처음으로 내가 완전히 '점령당한' 기분이 들었다. 질병에 공통적으로 결부되는 군대 관련 은유들이 뇌리를 스쳐 지나갔다('전쟁이 선포됐다,' '싸워야 한다!' '반드시 승리하리라!' 등). 그 전까지는 이런 상투적인 표현이 한 번도 떠오른 적 없다고 내심 뿌듯해 하고 있었건만.

2014년 10월 11일

화학 요법이 빨리 끝날 것 같지가 않다.

첫 번째 항암 치료는 나 자신도 놀랄 만큼 그럭저럭 잘 견뎌 냈다. 물론, 즐거운 경험은 아니었다. 몇 시간 동안 두피 냉각 장치를 머리에 쓰고 있자니 1950년대 B급 영화에 나오는 화성인이 된 느낌이었다. 그 후에도 꼬박 이틀 동안 전대 같은 우스꽝스러운 주머니에 디퓨저를 넣어서 차고 있어야만 한다. 하지만 전반적으로는 '프루스트의 법칙'이 지배한다. 최선을 예상하면 언제나 조금은 실망스럽고, 최악을 예상하면 그렇게 심각하지만은 않다는 법칙이.

2014년 11월 27일

잠을 거의 못 잤다. 잠이 들라 치면 구토가 올라왔다(거르지도 않고 꼬박꼬박!). 손가락 끝이 따끔거려서 등을 긁을 때도 장갑을 껴야만 했다. 코털도 다 빠진 코에서는 콧물이 흐르고, 이유도 없이 눈물이 난다.

J는 더 나쁜 상황이 아니어서 다행이라고 말한다. 나를 위로한답시고 하는 말이다. 그 말이 이 유대인 이야기에 나오는 의미가 아니기를 바랄 뿐이다.

그는 처음 문병을 와서는 내가 당한 사고에 대해 꼬치꼬치 캐묻는다. 내가 이런저런 골절을 당했노라 설명하면 그는 말끝마다 고개를 끄덕거려 가면서 "더 나쁘게 될 수도 있었어"라고 말한다. 머리가 아파 죽겠다고 말하는데도 "더 안 좋은 상황이 될 수도 있었어"라고 한다. 왼쪽 발목이 나갔다고 말하는데도 "더 나쁠 수도 있었지"라고 한다. 무릎이 불에 덴 듯 화끈거린다고 하면 "그래도 최악은 아닐 거야"라고 한다. 나는 놀라기도 하고 약간 짜증이 나기도 해서 더는 참지 못하고 쏘아붙였다. "그런데 알렉상드르, 도대체 어떻게 더 나쁠 수도 있다는 거야?"

그러자 그가 심각한 표정으로 중얼거린다.

"나한테 이 일이 닥쳤을 수도 있다는 뜻이지."[206]

2014년 12월 10일

끔찍한 상태에서 아주 나쁘지만은 않은 상태로 가는 단계에서 비교적 받아들일 만한 결과가 나왔다.

CEA 수치가 절반 수준으로 떨어졌고 전이도 감소했다. 의사는 마치 내가 힘겨운 전투에서 승리하기라도 한 듯 축하한다는 말을 건넸다. 정작 수고를 한 것은 의사 본인과 그가 사용한 약일 텐데 말이다.

2014년 12월 26일

내가 이해한 바로는 전이가 멈추었다. 하지만 꿈결 같은 행복감에

젖어 들 이유도 없다. 전이된 암세포는 여전히 있고, 나는 아예 죽어 버리지 않고서야 벗어날 길이 없기 때문이다. 사정이 이렇다 보니 나로서는 부조리한 결론에 도달할 수밖에 없었다. "암 환자는 사망이 곧 완치다." 그러다 잠시 후에는 암세포가 '불멸'이라면 내가 죽어 땅에 묻힌 뒤에도 암세포만큼은 계속 증식할 것이라는 묘한 상념에 빠져들었다. 하지만 사후에도 증식하는 암세포를 구체적인 이미지로 그려 볼 수가 없었다. 어쨌든 나 자신이 '불멸'의 암세포로서라도 살아남을 거라고 생각해 봤자 마음이 편치는 않다.

2015년 1월 20일

정말로 지독한 화학 치료를 하루 종일 받고 나서 소파에 축 늘어져 있었다. 오늘도 머리에 두피 냉각 장치를 썼다. 별것 아닌 투박한 장비가 어쩌면 이렇게 불쾌한 효과를 내는지. 중세의 투구를 닮은 이 장비가 정말로 탈모를 막아 주기는 하는지 그것도 잘 모르겠다. 그저 이 볼썽사나운 모자를 쓰고 압박 띠에 턱이 짓눌려 있을 때 나를 만나러 오는 이가 아무도 없기만을 바란다. 처형을 앞둔 사형수가 전기의자에 앉은 기분이 이럴까.

2015년 2월 12일

종양학과 전문의가 '희소식'이라고 할 만한 결과를 전해 줬다(좋은 소식이라고 해 봐야 상대적인 것이다. 이제 나도 그 정도는 안다!). 의사는 결과에 놀라기까지 한 모양이다. CEA 수치가 절반으로 줄었고(34에서 16으로), 방사선 검사로는 이제 폐의 반점도 보이지 않는다고 했다. 덕분에 병원에서 돌아오면서 불안감이 많이 가셨다. 하지만 여전히 조심해야 한다. 조만간에 MRI를 찍어 보면 확인할 수 있을 것이다. '환자'가 나의 진정한 직업이 되어 가는 중이지만, 빨리 해고당하고만 싶은 심정이다.

2015년 4월 10일

'검진' 예약이 되어 있어서 종양학과로 갔다. 마침 의사가 내 차트를 들여다보는 중이었다.

아마도 검사 직전에 마지막으로 훑어보고 있었나 보다. 하지만 나로서는 마음이 놓이는 신호였다. 그가 나에게 신경을 써 준다는 느낌이 들었기 때문이다. 이어서 의사가 전이가 거의 사라졌고 CEA 수치가 11로 떨어졌다고 말했을 때에는(7이 되면 '정상'으로 돌아왔다고 볼 수 있다) 한없이 고마운 마음이 솟구쳐 올랐다.

'강도 높은' 화학 요법은 잠시 중단해도 될 것 같다고 한다.

행복이 CEA에 있구나!

우리 둘 다 만감이 교차했던 것 같다. 의사는 내게 끔찍한 소식을 전하지 않아도 되니 좋았고, 나는 이제 병원에 조금만 더 다녀도 되고 그렇게까지 혹독하지는 않은 재발 방지 치료로 넘어가 집에서 약만 먹으면 된다니 좋았다.

내가 따로 뭘 해야 하는지 묻자 의사는 "즐기세요!"라고만 했다. 삶을 즐기라는 말이겠지. 그는 별다른 처방을 내리지 않았다.

오늘 아침, 나는 안도감을 만끽하면서도 병이라는 놈이 부지불식간에 얼마나 사람을 피폐하게 만드는지를 절감했다. 어제는 숨넘어가게 불안했는데 오늘은 그럭저럭 기분이 좋다(그리고 내일은 더 낫기를 기대한다!). 이 모든 것이 CEA로 좌우되다니.

나에게 CEA 수치는 주식 시세 비슷하다고 할 수 있겠다. 단 하나 차이점이 있다면 상승이 아니라 하락이 나에게 무한한 기쁨을 안겨 준다는 것뿐이다.

2015년 6월 25일

어제는 종양학과 의사와 만나서 종합 평가를 내렸다. 길고도 길었던 지독한 화학 요법이 효과가 있었던 것 같다. 간과 폐에 더는 전이되지 않았고, 처음에 (그리 달갑지 않았던) 66이라는 CEA 수치가 11까지 떨어졌다가 8.6(정상에 가까운 수치다)으로 좀 더 내려왔다. 그래서 앞으로 두 달 동안은 치료를 완전히 중단해도 좋을 것 같단다.

감히 믿기지가 않았다. 그래도 우스꽝스러운 모습을 보여서 다 된 밥에 코 빠뜨릴 수는 없었기에, 승리 혹은 신에 대한 감사의 세리모니를 한답시고 타이 브레이크에서 이기고 흥분한 테니스 선수처럼 허공에 주먹을 흔들지는 않았다.

2015년 7월 7일

이번 핀란드 체류는 시작부터 달콤했다. 단맛이 살짝 도는 흑빵, 청어 튀김, 신성한 감자, 딱 2주 동안만 시중에서 살 수 있다는 기막힌 딸기를 다시 맛볼 수 있다는 사실에 마냥 행복했다.

그러고 나서는 옛 추억을 되새기는 '자동차 여행' 같은 것을 하면서 에스토니아의 나르바, 파르누, 타르투 같은 짧고도 이상한 이름의 도시들을 두루 돌아보고 싶었다. 하지만 기력이 달려서 그랬을까, 딸기를 너무 많이 먹어서 그랬을까! 뭔가에 감염되어 꽤 심하게 앓느라 아무것도 삼키지 못하는 지경까지 갔다. 결국 헬싱키에 돌아오자마자 입원을 해야 했고, 며칠 동안 이런저런 관을 줄줄이 달고 수액만 맞았다.

핀란드에서는 어느 연세 지긋한 남자와 입원실을 같이 썼다. 귀머거리나 다름없던 그는 텔레비전 볼륨을 최대치로 높여 놓고 마치 나를 배려해서 그렇게 한다는 양 미소를 지으며 나를 바라보곤 했다. 나는 그의 지인들이 어쩌다 찾아와도 10분도 채 머물지 않는 것을 보고 깜짝 놀랐다. 때로는 그 짧은 시간마저도 완벽한 침묵으로 일관하다가 떠나기 전에 잠시 따뜻한 작별의 몸짓을 나누는 게 전부였다! 핀란드인들은 수다와 담쌓은 국민이라는 나의 고정 관념은 역시 깨지지 않았다.

2015년 9월 8일

잠시 병원 신세를 졌던 터라, 종양학과를 다시 찾으면서 불안하고 심란하기 짝이 없었다.

그런데 되레 좋은 소식을 들었다. 거의 기대할 수 없었던 소식을. CEA 수치가 거의 정상에 가깝게 급속히 떨어졌다고 한다.

화학 요법도 예정에 없다고 한다. 어찌나 마음이 놓이던지! 이런 고약한 병에 완치란 없지만(의사의 말이 그렇다) 관해에는 정말로 도달할 수 있는 것이다.

내 몸이 잘 저항하고 있다는 사실을 확인하니 기분이 좋다.

샤를 카스텔라Charles Castella의 근사한 영화 제목이 생각난다. 〈생은 끈질기고, 우리도 그렇다〉.

하지만 복부와 폐의 통증은 여전하고 가끔은 더 심해지는 느낌이 든다.

통증 치료를 전문으로 하는 내 주치의 V. M.과 다시 약속을 잡았다. 완화 치료 전문의인 그 친구가 무슨 이야기를 할지 걱정이 되기도 한다.

하지만 그 친구는 언제나 나를 안심시키고 넘어가기보다는 나의 이해를 돕는 말을 할 줄 안다.

덕분에 병자를 돌보는 것과 병에만 관심을 갖는 것이 구체적으로 어떻게 다른지 잘 알게 됐다. 실제로 차이가 있다. 내가 몸소 그 차이를 겪어 봤다!

그 전까지 나는 질병의 철학에서 그러한 차이가 속 빈 강정 같은 관념, 그것도 도무지 이해하기 어려운 관념이라고 생각했는데 말이다.

2015년 10월 19일

오늘 만난 정골요법사는 친절한 편이었다. 하지만 나는 정골요법사에게 복통의 원인이 배꼽 탈장이라는 말을 듣고 좀 불안해졌다. 그 말이 맞는지 확인하고 무슨 조치를 취할 수 있을지 알아보려고 외과의들을 다시 찾아갔다. 의사들은 정골요법사의 진단을 대수롭지 않게 여기는 눈치였다. 그들은 내가 돌팔이를 찾아갔다고 생각하는 듯했다. 나는 돌팔이를 찾아가는 것보다 더 심한 짓을 할 거라는 말은 감히 꺼내지 못했다. 실은, 친구들이 당장 기(氣) 치료를 받으라고 등을 떠밀다시피 했다. 나는 기 치료가 뭔지도 모른다. 친구들 등쌀에 못 이겨 어쩔 수 없이 가는 거다.

2015년 11월 2일

어처구니없던 기 치료의 여파에서 헤어나기가 힘들다.

자칭 '기 치료 선생'은 내가 화를 속으로 삭이는 바람에 췌장이 손상됐다는 식으로 떠들기 시작했다. 그러면서 덧붙이기를, 암은 억압된 감정의 종류에 따라 각기 다른 신체 기관에서 발병을 한다나. 선생은 이런 헛소리를 하면서 자기가 신탁을 전하는 예언자라도 되는 양 눈을 지그시 감았다. 췌장의 경우는 화라는 감정에 해당한단다.

근거도 없는 주장을 천연덕스럽게 늘어놓는 모습에 나는 당연히 화가 치밀었다.

게다가 오늘 가장 짜증이 났던 건, 내가 화를 표출할 수 없었기에, 혹은 표현하기를 원치 않았기에, 결과적으로 '기 치료 선생'이 옳은 말을 한 셈이 되었다는 것이다!

나는 평정심을 유지하려고 애쓰면서(쉽지는 않았다) 매우 친절하게 말했다(그랬다고 생각한다). 내 상태의 원인을 파악하는 데 심리 상담사가 필요하면 당신에게 말하겠다고. 하지만 내가 여기 온 이유는 단지 통증을 가라앉히기 위해서라고. 당신이 통증을 덜어 줄 수 있다고 전화상으로 큰소리를 치지 않았느냐고.

그래서 치료에 들어갔다. 그녀는 내 주위를 빙빙 돌면서 입김을 후후 불어 대고, 신체를 이완하면 어떤 효과가 있는지 그리 새롭지도 않은 얘기를 소곤거리고, 갖가지 몸짓을 해 댔다. 눈을 감고 있으라고 해서 보이지는 않았지만 다 느꼈다. 그런데 그녀가 무당처럼 번잡스럽게 움직이는 동안, 그녀의 배에서 꾸르륵 소리가 나는 게 아닌가. 기 치료 선생은 적잖게 당황했는지 나의 복통을 자신의 배로 옮기는 중이라고 둘러댔다! 도를 넘는 멍청한 짓거리, 원치 않는 신체적 밀착에 시달릴 대로 시달리다가 겨우 거기서 나왔다. 집에 왔더니 통증이 더 심해졌다!

2015년 11월 9일

암이 재발해 폐로 전이됐다는 얘기를 조금 전에 들었다. 희한하게도 그 말을 듣고 마음이 편안해졌다. 견딜 수 없던 통증의 원인을 드디어 알았기 때문이지 싶다. 이제 그 통증을 더러 잊기도 한다(펜타닐을 엄청난 용량으로 투여받고 있긴 하지만!). 거의 즐겁다시피 한 이 반응에 나 자신도 깜짝 놀랐다. 하지만 자신의 심리적 반응을 예견하는 능력이 얼마나 우스운 것인지는 프루스트를 통해 이미 배우지 않았던가!

그래서 새로운 화학 요법에 들어가기로 했다. 이번에는 젤로다라는 항암제를 쓴다고 한다. 내가 제대로 알고 있는 거라면 네 번째 화학 요법일 거다. 아니, 다섯 번째인가? 이제 다 모르겠다.

2015년 11월 11일

젤로다라는 항암제가 그렇게 희한한 효과를 일으킬 줄이야. 매일 커다란 알약을 아침에 네 알, 저녁에 네 알 삼킨다(절대 거르면 안 된다). 그 후 짧은 잠복기가 지나면 요동치기 시작한다. 수평 안전판 없는 낡은 돛배를 탄 것 같은 느낌이다. 사방에서 삐거덕거리고, 갈라지고, 구역질이 계속 나고, 내가 누구인지조차 모르겠다. 그러고 나서 갑자기 통증이 확 잦아드는데 왜 그런지는 모르겠다.

2015년 11월 25일

화학 요법을 하는 동안 마지막 며칠은 정말로 힘들어서 집에서 드러누워만 있었다. 월요일 저녁에 첫 번째 '라운드'를 마쳤다. 질병 사회학자들의 말마따나 나 또한 '환자-전문가'가 되는 중이다. 하지만 의사가 환자에 대한 장악력을 조금 포기한다 싶으면 그건 절대로 좋은 신호가 아니다. 마지막이라는 냄새가 난다. 내일은 종양학과 의사를 만나서 최근의 검사 결과를 함께 볼 것이다. CEA 수치라든가 뭐 그렇고 그런 얘기. 나는 낙관적이지도 않고 비관적이지도 않다. 나는 마치 이 모든 일이 존재하지 않는 것처럼 행동하려고 애쓴다. 비록 이러한 태도가 심리학자들이 추천하는 전략이 아닐지라도 상관없다.

2015년 12월 17일

온종일 호미를 쥐고 밭을 갈기라도 한 것처럼 손바닥이 화끈거리고 쩍쩍 갈라진다.

젤로다 약품 설명서에도 쓰여 있듯이, '빈번하게' 나타나는 부작용이다.

나 같은 문외한에게 약이란 통증을 완화하거나 통증의 원인을 치료하라고 만들어진 것이다. 아스피린이 대표적인 예다. 하지만 지금 내가 복용하는 약들은 대부분 치료 효과가 없다. 그저 상태를 유지하게만 해 줄 뿐이다. 게다가 통증을 가라앉게 하지도 않는다.

외려 통증을 야기하는 경향이 있다. 저 달콤한 모르핀을 제외하면, 이 약들은 언제나 병 그 자체보다 더 나쁜 것 같다.

2016년 1월 11일

소파에 꿈쩍 않고 드러누워 TV 시리즈물만 봤는데도 피로가 가시지 않는다. 주간 병동에 이런저런 검사를 하러 가야 한다. 가고 싶지 않다. 미루기만 한다. 일정표가 있다는 점은 같지만 레저 시설과는 다르단 말이다.

2016년 1월 13일

혈소판에 문제가 있다고 한다. 내가 이해한 바로, 혈소판은 혈액의 유동성을 제어하는 세포다. 혈소판 수치가 너무 낮아서 출혈이나 혈전증의 위험이 있다고 한다. 누군들 이러고 싶겠는가?

내 담당 간호사가 화학 요법을 잠시 쉬라고 한다. 전화로 일주일만 끊으라고 '처방'을 전한다. 간호사는 그 정도만 쉬었다가 다시 화학 요법을 계속할 수 있기를 바란다. 나 역시 그렇다.

모순도 이런 모순이 없다! 화학 요법을 계속 받고 싶은 마음은 눈곱만큼도 없는데 그래도 계속 받을 수 있기를 바라는 심정이라니!

2016년 1월 20일

모르핀 계열 진통제 앱스트랄을 먹었더니 지금은 살 만하다.

모르핀은 기본적으로 자연에서 유래한 진통제이므로(제조 기술이라는 면에서는 그렇지 않지만) 의사의 처방 없이 구입할 수 있는 일반 의약품으로 분류하고 '라 비 클레르'나 '나튀랄리아' 같은 건강식품 매장에서도 판매해야 한다고 본다.

2016년 1월 29일

어제 병원에서 스캐너를 찍었다.

병원 지하의 휑한 검사실이나, 거울 없는 화장실처럼 개인적 성격이 철저히 제거된 디테일에 그렇게 충격을 받은 적은 없었다. 뭐랄까, 나 자신이 이내 하나의 '바코드'로 환원되어 버리는 기분.

환자는 디지털 증지로 뒤덮인 서류와 함께 이 검사실에서 저 검사실로 옮겨진다. 누군가에게 말을 걸 때마다 이 서류부터 제시해야 한다.

하지만 이 상황을 비극적으로 보지는 않는다. 나는 '디지털 신세계'에서 벌어지는 모든 일에 광분하는 '반(反)현대주의자'가 아니다. 디지털 코드를 강제로 몸에 새기는 세상이라면 모를까, 그런 정도만 아니면 도덕적으로 용인할 만하다. 생을 마감하는 순간까지도 병원의 관료주의를 상대해야 한다고 생각하면 물론 달갑지는 않다. 그래도 다행이다. 그런 생각마저도 금세 잊어버리니.

2016년 2월 17일

마지막 '점검'을 하면서 종양학과 의사는 매우 만족한 듯했다. 자신이 처방한 화학 요법으로 그럭저럭 병을 저지한 것 같았기 때문이다. 말하자면, 질병을 감시하에 둘 수 있게 되었다고 할까. 완치가 되지는 않았지만 온몸으로 퍼지지도 않았다. 스캐너로 찍어 본 결과, 폐 결절이 거의 눈에 띄지 않았다. 내가 '더' 아프지는 않기 때문에, 의사가 보기에는 다 괜찮다는 거다!

나는 의사보다는 담담했다. 밑도 끝도 없는 낙관주의가 발동했나, 이번에도 나는 내심 완전관해를 기대했던 모양이다. 이번에는 틀렸다. 이 빌어먹을 화학 요법을 계속해야 할 것이다. 그러다 보면 달갑지 않은 여러 가지 '부작용,' 특히 사람을 완전히 짜부라뜨리는 피로에도 결국은 익숙해지고 말 것이다.

달리 어쩌겠는가?

내 삶이 상당 부분 의사의 결정에 달려 있다는 이 현실이 가장 끔찍하다. 치료를 연장하거나 혹은 그렇게 하지 않겠다는 결정이 내가 알지도 못하는 기준에 따라 이루어진다. 그리고 그 기준이 순전히 비용 문제가 되는 날이 언젠가 올 수도 있다.

18

영구 화학 요법

2016년 3월이다. 암을 싹 제거하는 수술을 받은 지도 벌써 3년이 지났는데 나는 여전히 화학 요법을 받고 있다.

이 글을 쓰는 시점에서 다섯 번째 화학 요법을 시작했다. 네 번째 받았던 항암 치료의 결과를 유지하기 위한 것이라고 한다. 그러면 다섯 번째 치료로 얻은 성과를 보존하려면 여섯 번째 치료를 받아야 하고 일곱 번째, 여덟 번째, 그런 식으로 평생을 가는 건가?

나는 아무것도 모른다. 지금까지 어떤 의사도 섣불리 예후를 입에 올리지 않았으니까.

내가 결국 이해한 바로는, 언젠가 '완치'가 될 거라는 기대는 하지도 말아야 한다. 여기서 말하는 완치가 정신적 혹은 신체적 불편을 완전히 떨쳐 낸다는 의미라면 말이다.

달리 말해 보자면 나는 이제 늘 이 병과 '함께' 살게 될 것임을

'안다.' 이 병과 나는 서로 뜻이 잘 맞지는 않지만 헤어질 수 없는 부부처럼 살아갈 것이다.

여기서 내가 '안다'는 것이 반드시 내가 그렇게 '믿는다'는 의미는 아니다(플라톤은 '안다'와 '사실이라고 믿는다'가 등가적이라고 이미 지적한 바 있지만 말이다).

그도 그럴 것이, 다행인지 불행인지 모르지만 나는 여전히 낙관주의자다. 앞으로는 질병의 다양한 형태를 더 잘 파악할 수 있을 것이다. 암의 원인도 결국은 밝혀지리라. 효과적인 치료법도 나오겠지. 새로운 치료법에는 몸뚱이에 무리를 준다든가, 심리적으로 가라앉게 한다든가 하는 부작용도 없을 거야.

내가 충분히 낙관적이지 않다 해도 나를 생각해서 사태를 낙관하는 친구들이 있다. 친구들은 나 모르게 더 실력 있는 의사를 찾기도 하고, 효과가 좋다는 새로운 치료법을 알아보기도 한다.

요즘은 '면역 치료'가 그 친구들 사이에서 인기가 좋다. 그들도 면역 치료가 정확히 어떤 것인지, 어떤 종류의 암에 효과가 있는지는 잘 모르지만.

이런 일을 다 제쳐 놓고 말하자면, 내가 나의 상태를 자각하기까지는 시간이 좀 필요했다. 아마도 내 성향 탓도 좀 있었을 것이다. 괴로운 현실을 부정하고 싶어 하는, 사실은 하등 특별할 것도 없는 성향 말이다. 의사들이 넌지시 건네는 말이 점점 더 강도가 높아지는 와중에도, 나는 줄기차게 현실을 부정했다.

어쩌면 항암 치료의 '부작용'이 완전히 못 참을 정도는 아니었기 때문에 내가 내 상태를 자각하기가 더 어려웠을 수도 있다.

내가 부작용에 덜 시달리려고 복용하는 다른 약들도 효과가 꽤 좋다.

나는 원하는 만큼 글을 읽고 쓸 수 있다. 이게 중요하다.

아무런 통계학적 근거 없이, 그냥 내 예감으로는 앞으로 4, 5년 정도 이렇게 살 수 있을 것 같다.

하지만 그와 동시에, '만성 질환', 다시 말해 3~6개월이 지나도 낫지 않는 병이 사실상 어떤 의미인가를 내 체험으로 이해하기 시작했다.

의학은 현 상태에서도 이미 광대한 지식의 보고이지만 나에게 삶을 연장해 주는 것 이상은 할 수 없다. 다시 말해, 내가 치료를 받지 않을 경우 통계적으로 예측되는 사망 시기를 뒤로 미루어 주는 것이 현 의학의 최선이다.

비록 비공식적이지만 점점 공식적인 성격을 더해 가는 의료 지침이 있다. 환자의 남은 삶을 '양적으로' 최대화하기 위해 지식, 치료, 금전을 투입할 때에는 반드시 삶의 일정한 '질'을 유지하기 위한 노력이 동반되어야 한다는 지침이 그것이다.

하지만 '삶의 질'이라는 개념에 뚜렷한 내용을 부여하기란 쉽지 않다. 게다가 이 비공식적인 지침은 원칙상의 이유에서 반박에 부딪힐 수 있다.[207]

어떤 의사들은 삶의 질보다 양이 더 중요하기 때문에 극심한 '부작용'이 따르는 야만적 치료일지라도 환자가 받아들여야 한다고 본다.[208]

이 의사들에게는 생명을 가급적 연장하는 것이야말로 예외가 있을 수 없는 의료 윤리의 원칙이다.

시몬 드 보부아르가 죽어 가는 모친을 담당했던 의사에게 지적한 바 있듯이, 이 정언 명령을 한번 근본적으로 살펴볼 필요가 있다.

"N 박사가 내 앞을 지나갔다. 나는 그를 불러 세웠다. (…) '그런 요법을 쓸 필요가 있을까요? 어차피 희망이 없는데 무엇 때문에 엄마를 힘들게 해요?' 그가 나를 노려보더니 대꾸했다. '제가 해야 할 일을 하고 있을 뿐입니다.'"[209]

의사는 처치를 마치고 나서 시몬 드 보부아르에게 공치사하듯 말한다. "오늘 새벽의 상태로 봐서는 기껏해야 네 시간도 견디지 못했을 겁니다. 제가 어머니 의식을 회복시켜 드린 겁니다."

그녀는 감히 묻지 않는다. 도대체 무엇을 위해서? 누구를 위해서?[210]

그렇지만 어떤 이들에게는 그런 물음이 지극히 타당해 보일 것이다. 가령, 나이가 많은 사람이 불치병으로 심하게 고통받을 때, 경제적으로 점점 더 쪼들리는 상황에서 막대한 비용을 투입해 치료를 계속하는 것이 과연 옳은 일일까 생각하는 이들이 그렇다.

나는 이런 유의 타산적인 공리주의를 제쳐 놓고서라도 '합리적인' 시민이라면 누구나 그렇듯 내 삶을 몇 주 혹은 몇 달 연장하겠다고 큰돈을 들일 가치가 있을까 생각해 본다. 그렇게 해서 연장된 삶이 질적으로 그럭저럭 괜찮은 수준이라고 해도 말이다.

나는 내가 그런 식으로 수명을 늘이기 위해 사비로 얼마까지 부담할 수 있을까를 생각해 보면 그걸로 충분하다고 본다.

나의 수명을 이틀, 두 달, 혹은 2년까지 늘릴 수 있다면 나는 개인적으로 얼마까지 내놓을 의향이 있나?

내가 보름 더 살겠다고 은행 잔고를 탈탈 터는 게 옳은 일일까? 그 돈이면 내 가족들이 좀 더 지속 가능한 행복을 누리거나 자선 단체가 가난과 굶주림에 시달리는 아이들을 도와줄 수 있는데?

나는 결국 나의 '의무론적인' 확신을 잃고 말았다. 다시 말해, 가능한 한 오래 사는 것이 여타의 조건, 이를테면 재력보다 훨씬 더 중요하다는 믿음을 이제 유지할 수가 없다.

자살을 하면 왜 안 되나? 그러면 젊은 사람들이 너무 오래 기다리지 않게 내 자리를 내어줄 수 있지 않은가? 유산을 일찍 넘길 수 있지 않은가?

데이비드 흄이라면 젊은 세대에 대한 예의라면서 자살을 권유할지도 모르겠다. "그런데 내가 사회에 더는 유익을 끼칠 능력이 없다고 가정하자. 내가 이제 사회에 짐만 된다고 치자. 다른 사람이 사회에 유용한 존재가 되는 것을 내 삶이 방해하고 있다 치자. 이 경우, 내가 생을 포기하는 행동은 죄가 되지 않을뿐더러 외려 칭찬할 만하다."[211]

첫 번째 화학 요법은 그렇게까지 힘들지 않았다.

물론, 주간 병동에 가서 주사를 맞고 있는 기분이 썩 좋지는 않았다.

의료진의 과도한 친절에 되레 우울한 기분이 들었다. 내가 이미 죽어 가는 사람이라 생각해서 이리도 조심스럽게 대하나 싶었다.

나는 내가 암이라고 해서 뭔가 '영웅적인' 병에 걸린 것처럼 생각할 수는 없는 사람이다. 나는 내가 암이라고 말하는 것 자체가 품위 없는 행동이라고 생각했다. 그러다 대기실에서 노골적인 제목을 내건 홍보물들—'암과 성(性),' '암 환자로 사는 법,' '암 환자의 가족으로 살기' 등—을 보고 있노라니 현실을 인정할 수밖에 없었다. 다른 환자들은 피곤해 보였고, 감정을 확 드러내는 눈썹과 속눈썹이 이미 다 빠지고 없는 탓에 표정도 없어 보였다.

가발, 벙거지 모자, 야구 모자, 삼각 두건(요즘 가장 인기 있는 암의 상징)을 착용한 사람들에게 둘러싸여 있으면서, 게다가 그들이 '죽어 가는 사람들 클럽에 오신 것을 환영합니다'라고 말하듯이 조용히 미소를 짓는다면 현실을 부정하려야 부정할 수 없는 법이다.

치료를 기다리는 암 환자 집단을 보면서 나는 마음 한구석이 불편하다.

일부러 좀 떨어져 앉는다. 그들과 내가 한편이라고 느끼고 싶지 않다.

나는 앞으로도 계속 '나는 이 좀비 무리와 상관없어'라고 생각하고 싶지만 현실은 모든 면에서 그 반대를 가리킨다.

이러한 기분을 솔제니친은 절묘하게 표현했다.

이제는 종양 자체보다도 더 견딜 수 없는 불쾌감이 그를 덮쳐왔다. 보고 있으면 기분이 좋아지고 마음이 편해지는 것만 골라서 볼 수도 없게 되었고, 자신과 똑같은 신세의 저 초라한 여덟 명의 환자들을 어쩔 수 없이 마주 대하고 있어야만 했다. 하나같이 몸에 맞지도 않고 색이 누렇게 바랜 데다 해져서 군데군데 기웠거나 구멍이 숭숭 뚫린 분홍색 줄무늬 환자복을 입은 저들을 말이다. 어디 그게 다일까. 이제는 듣고 싶은 것만 들을 수도 없게 되었다. 파벨 니콜라예비치는 자기와 전혀 상관도 없고 관심도 가지지 않는 이 무지한 사람들의 지루한 이야기를 꼼짝없이 들어야 할 판이었다. 저들을 향해 입 닥치라고 쏘아붙이고 싶은 마음이 굴뚝같았다.[212]

그럼에도 불구하고 내가 같은 병을 앓는 이들에게 품는 적개심이 솔제니친의 감정과 동일한 것인지는 잘 모르겠다. 현재 프랑스의 암 치료 센터의 여건은 다행히도 1960년대 소비에트 연방의 암 병동의 형편과 별 공통점이 없다(그렇지만 2000년대 프랑스 정신 병동에서 환자를 대하는 태도는 문제가 많았다고 인정해야만 한다![213]).

나는 단지 '대화 집단,' '이야기 모임'이 싫을 뿐이다. '익명의 알코올 중독자들'이나 포르노 중독 치료 모임 비슷하게, 환자들이 모여서 자기 병 이야기를 서로 주고받는 게 싫다.

내 생각에는 내가 아무리 극단적인 절망에 빠지더라도 이런 모임에 자발적으로 참여할 일은 없을 것 같다.

하지만 내가 질병 경험을 공유하는 모든 모임을 혐오할지라도, 나와 같은 병을 앓게 된 불운한 이들에게 동지애를 느끼는 일은 거의 없을지라도, 이따금 나도 그들에게 막연하지만 뿌리 깊은 공감을 느낀다. 병에 걸리기 전까지는 결코 몰랐던 감정이다.

길에서 힘겹게 걸음을 옮기는 고령자, 슬픈 표정의 장애인, 사회에서 소외당한 채 강요에 의해 구걸 행위를 하는 사람을 볼 때면 무척이나 심란하다.

질 바르베데트Gilles Barbedette는 이러한 양가적인 감정을 설득력 있게 표현했다. 이런 걸 보면 나만 느끼는 감정은 아닌가 보다.

낯모르는 환자가 병원 복도를 헤매고 다니는 걸 보니 길을 잃은 모양이다. 그 사람이 길을 물어보자 나는 즉시 도와주러 나선다. 구걸하는 부랑자가 큰길에서 나에게 길을 물어봤으면 과연 이럴 수 있을까. (…) 나는 환자들끼리의 불가능한 연대를 믿게 하려는 것이 아니다. 일반적으로, 무슨 진료를 받든지 자기가 자기 옆 사람보다는 더 건강했으면 좋겠다는 바람은 인지상정이다. 내가 건강하고 아무 문제가 없다면 모를까, 어떻게 암과 연대할 수 있단 말인가?[214]

19

필요조건도
충분조건도 아닌 고통

과거에 동성애는 '정신 질환'으로 분류되었지만 지금은 공식적으로 누명을 벗었다. 달리 말해, 이제 동성애는 DSM(Diagnostic and Statistical Manual of Mental Disorders, 정신 질환 진단 및 통계 편람)의 소관이 아니다.

하지만 권위적이거나 가부장적인 정부, 종교와 분리되지 않은 정부가 집권하는 여러 국가에는 여전히 동성애를 정신 질환으로 취급하려는 압력이 존재한다.[215]

그리 놀랄 일도 아니다. 사실, 어느 한 시대에 유효한 사회 규범에서 벗어나는 모든 행동은 '정신 질환'이라는 범주에 들어갈 수 있기 때문이다.

노예제에 대한 저항도 마찬가지다. 굴욕적인 생존 조건에서 도망치려 했던 이들은 더러 정신병자 취급을 받곤 했다. 드라페토마니아[drapetomania, 배회증(徘徊症)]²¹⁶이라는 단어 자체가 '도망 노예'를 뜻하는 그리스어 'drapete'와 '광기mania'의 조합에서 나왔다. 중간에 'pet(방귀)'가 들어가니까 엉뚱한 짐작을 할지도 모르겠는데 장 불편과는 전혀 상관없는 단어다!

노동 착취에 대한 저항도 다르지 않았다. 과로로 병을 얻었다면서 업무를 거부하고 보수 지급을 요구하는 사람들도 이른바 '산업 재해' 피해자, 어쨌거나 정신적으로 문제가 생긴 사람으로 간주되었다.²¹⁷

세계 어느 곳에서나 정치범들은 '정신병자' 딱지가 붙는다. 그들은 인간답게 대우받지 못했고 대개 즉시 제거되든가 정신 병동에 수용되든가 둘 중 하나였다. 그리고 정치범들이 주로 가는 정신 병동은 해수 요법 센터보다는 야만적인 교도소에 더 가깝다.

게다가 지금은 상대성을 존중한답시고 일부 사회, 다시 말해 특정 '문화권'에서만 정신 질환 취급하는 현상들까지 국제 공인된 정신 질환 편람에 실린다.

실제로 DSM은 일부 사회에서만 인정하는 정신 질환 목록을 부록으로 제공한다.

말레이시아에서는 성적으로 문란하고 이른바 '음란한' 언어를 지나치게 자주 쓰는 사람들을 '라타Latah'에 걸렸다고 한다.

극지방에서는 옷을 찢고 사방으로 날뛰는 사람을 보고 '피블록토크pibloctoq'라는 병에 걸렸다고 생각한다.

아시아 일부 지역에는 모두들 무서워 벌벌 떠는 병이 하나 있다. 이 병의 가장 특징적인 증상은 남성의 음경이 몸속으로 쪼그라드는 것이다. 현지에서는 이 병을 '코로Koro'라고 부른다.[218]

신체 질환들과 관련해서도 혼란은 이만저만한 게 아니다.

'원래는' 통증, 골절, 화상, 자상, 그 밖의 여러 가지 외상, 신체 일부의 절단이나 손상, 시력이나 청력 같은 신체 기능 상실, 호르몬 이상, 바이러스 및 박테리아로 인한 감염, 세포 이상 등을 전부 신체 질환으로 간주하지 말라는 법이 없다.[219]

그렇지만 실제로 이론의 여지 없이 '신체 질환'으로 분류될 수 있는 것은 호르몬 이상, 세포 이상, 감염성 질환 정도다.

더욱이 다음과 같은 질문들은 결코 부당하거나 상식에서 벗어나지는 않을 것 같다.

만약 고통이 스스로 '병자'라고 선언하기에 그 자체로 충분한 조건이라면 지독한 훈련으로 인해 통증을 달고 사는 운동선수들은 '병자'인가? 사람들은 대부분 그렇게 생각하지 않는 것 같다.

고통이 스스로 '병자'라고 선언하기에 필요한 조건이라면 암에 걸렸는데도 자각 증상이 없는 사람, 중병에 걸렸지만 통증을 느끼지 못하는 사람은 병자 집단에 낄 수 없는가? 이러한 주장이 만장일치의 동의를 얻지는 못할 것이다.

서양 국가들에서는 요즘 폐경(閉經)을 '질환'으로 보아야 할 것인가 말 것인가를 두고 치열한 논쟁이 벌어지고 있다. 아직 복지 국가에 대한 믿음이 있는 사회들에서는 이 논쟁이 갱년기 증상으로 고생하는 여성들에게 의료 혜택을 줄 것인가 말 것인가를 결정한다는 점에서 중요하다. 어떤 이들은 그렇다면 '남성 갱년기' 문제도 동시에 다뤄야 하는 게 아닌가 하는 의문을 제기한다.[220]

이러한 질병 분류의 역사를 좀 아는 사람들이라면 어떤 식으로 해결이 날지 예측하기가 어려울 것이다.

사실, '신체 질환'이라는 지칭은 의사들, 보건 행정 기관, 보험 체계, 약학 산업, 그리고 가끔은 환자들의 결사 단체들까지 개입하는 협상의 대상이다.

그러한 지칭이 그 사회에 속한 인구들의 일반적인 생각에 반드시 부합하는 것도 아니다.

게다가 신체 질환 명명이 '정신 질환' 명명보다 늘 명쾌하고 분명하지만은 않다. 고통과의 관계를 중요시하고 전면에 내세우는 고통효용론자들도 이 부분에서는 분명한 태도와 거리가 멀다.

그럼에도 불구하고 어떤 현상을 '질환'이라고 일컫는 기준이 순전히 상대적일 수는 없다. 해당 사회의 지배적인 관념들에만 의존해서 질병과 질병 아닌 것을 구분할 수는 없다는 얘기다. 만약 그렇다면 우리는 기존의 질병 분류를 비판할 여지도 없을 것이다. 가령, "드라페토마니아를 병으로 보는 건 잘못된 거야. 그런 주장에는 오류가 있어"라든가 "동성애가 병이라는 말은 잘못된 거야. 그런 주장에는 오류가 있어"라는 말조차 할 수 없을 것이다.

그렇지만 정반대의 입장, 즉 엄밀하게 객관적이거나 자연주의적인 태도를 견지하기도 힘들다. '질환'의 명명은 늘 다소간 반박 가능성을 포함하며 앞으로도 그럴 수밖에 없는 명명 작업에 속하기 때문이다. 이러한 명명은 물리적이고 신체적인 사실들하고만 관계가 있는 게 아니라 우리의 도덕적·정치적 신념과도 관계가 있기 때문이다. 알다시피, 신념이란 대단히 다양하고 언제라도 바뀔 수 있는 것이다.[221]

20

병은 디테일에
숨어 있다

미셸 푸코는 이른바 '억압의 가설'에 이의를 제기했다. 억압의 가설이란, 우리 사회에는 성을 까놓고 논하지 못하게, 또 아무 죄책감 없이 성적 행동을 하지 못하게 하는 강력한 '금지'가 존재한다고 보는 입장이다.

푸코는 철학자 특유의 딴죽 걸기 정신을 한껏 발휘하고 싶은 듯 이 아예 정반대의 가설을 옹호하고 나섰다.

그에 따르면 우리 사회는 원칙적으로 성은 사생활에 속한다고 보는 것 같지만 한편으로 성을 까발려야만 한다는 명령이 존재한다. 이 명령은 결코 명시적이지 않지만 대단히 강력하다.

나는 이 가설들의 진위를 따지려는 입장이 아니다(둘 다 옹호할 수 있기도 하고, 둘 다 옹호할 수 없기도 한 것 같다). 단지 질병이라는 문제에 이 가설들을 그대로 옮겨 볼 수 있다는 얘기만 하고 싶다.

우리가 알다시피, 우리 사회에는 점잖은 품행을 명시한 규칙들, 공공연한 원칙들이 있다. 이를테면 한때 영국에서 통했던 "불평하지 말라, 해명하지 말라Never complain, never explain"[222]라든가. 좀 더 광범위하게는, 감정을 억제하고 고통은 속으로 삭여야지 공개적으로 떠벌려서는 안 된다는 금욕의 명령, 다분히 전통적인 명령이 있다고 하겠다.

그렇지만 정반대의 경향이 존재하는 것도 부인할 수 없다.

대중은 투병에 대한 이야기를 좋아하고, 그러다 보니 환자들은 자기가 겪는 고통을 세세한 부분까지 경쟁적으로 털어놓기에 이른다.

실제로 우리는 성생활과 투병 생활에 대해서 똑같은 질문들을 던질 수 있다.

우리 사회가 대체로 금욕적이거나 청교도적인 명령에 규제를 받고 있다는 게 사실인가? 다시 말해, 우리는 성이나 질병에 대해서 가급적 말을 아끼거나 아예 아무 말도 하지 않는 편인가?

반대로, 최대한 다양한 형식으로 가급적 많은 이야기를 해야 한다는 강요가 있지는 않은가?

어쨌거나 암 환자나 그 밖의 중증 만성 질환을 앓는 사람이 쓴 책은 세상에 차고 넘친다.

이런 책들은 간간이 일상의 작은 불편들을 노골적이다 못해 외설적으로 폭로해서 독자들을 깜짝 놀라게 한다.

이 분야에는 '디테일의 기술'이라고 할 만한 것이 있다.
크리스토퍼 히친스는 그러한 기술의 귀재다.

화학 치료제라는 독약은 참 대단한 물건이다. 이 약 때문에 나는 6킬로그램쯤 살이 빠졌다. 하지만 몸이 가벼워진 느낌은 전혀 들지 않았다. 이 약은 또한 내 정강이의 지독한 발진을 깨끗이 없애 버렸다. 그 어떤 의사도 치료는커녕 이름조차 알아내지 못했는데 말이다(그 격렬한 빨간색 점들을 힘들이지 않고 없애 버리다니. 굉장한 독약이다). 이 약이 내 몸 안에서 죽음의 식민지를 넓혀 가는 외계인들에게도 제발 이렇게 포악하고 못되게 굴어 주기를!

하지만 죽음을 줌으로써 생명을 보존해 주는 이 약은 나를 묘하게 중성으로 만들었다. 치료를 시작하고 2주 후부터 샤워를 할 때 머리카락이 빠지는 것은 이미 각오하고 있던 일이었다. 나는 혹시 멕시코만에 플로팅 댐을 세울 때 도움이 될까 해서 머리카락을 비닐봉지에 모아 두었다. 하지만 면도날이 어느 날 갑자기 수염 자국을 전혀 만나지 못하고 의미 없이 미끄러지게 될 줄은 몰랐다. 제모라도 한 듯 매끈해진 윗입술 윗부분 때문에 누군가의 노처녀 이모처럼 보이게 될 줄도 전혀 몰랐다(한때 두 개의 대륙 같던 가슴털은 아직 시들지 않았지만, 병원에서 이런저런 절개를 위해 털을 민 곳이 워낙 많아

서 지금은 누덕누덕한 모양이 되었다). 내가 부자연스러운 존재
가 된 것 같아 기분이 나쁘다. 간호사들 중에 페넬로페 크루
즈가 있었다 해도 나는 전혀 알아차리지 못했을 것이다. 타
나토스와의 전쟁에서 에로스의 즉각적인 상실은 초기의 엄
청난 희생이다.[223]

에르베 기베르도 히친스만큼 재미있게 글을 쓰지는 않지만 이
같은 노출증적 장르의 전문가다.

필립 로스Philip Roth도 질병의 크고 작은 불편을 잘 알았지만 그
런 이야기를 개인적이지 않은 어조로 다룬다. 그에게는 주커먼이
라는 자기 분신과도 같은 인물이 있었으니까.

나는 이쪽 방면에서는 필립 로스가 마음에 든다. 비록 그의 희화
된 여성 혐오가 신경에 거슬리긴 하지만 에르베 기베르처럼 '드라
마 퀸' 태를 내지는 않는다.

남자는 병이 나면 자기 어머니를 찾는다. 어머니가 안 계시
면 다른 여자들이 어머니 노릇을 할 수 있다. 주커먼에게는
네 명의 다른 여자가 그 일을 해 주었다. 그는 이렇게 많은 여
자들을 동시에 거느린 적이 없었고, 이렇게 많은 의사들을
만난 적도 없었다. 이렇게 보드카를 많이 마신 적도 없었고,
이토록 적게 일을 하면서 뻗은 적도 없었으며, 이렇게 잔인

할 정도의 절망을 겪은 적도 없었다. (…)

그는 침대를 정리하려고 몸을 숙이는 것조차 힘들었다. 달걀이 익기를 기다리며 가스레인지 앞에 서 있노라면 주걱보다 무거운 것은 들지도 않았는데 삭신이 쑤셨다. 창문조차도, 눈곱만큼이라도 힘이 들어가야 할 경우에는, 제 손으로 못 열었다. 그래서 여자들이 그를 위해 창문을 열어 주었다. 여자들은 창문을 열어 주고, 달걀을 익혀 주고, 침대를 정리해 주고, 심부름을 해 주었다. 여자들은 별로 힘들이지도 않고 사내처럼 씩씩하게 그의 짐을 집까지 날라 주었다. 여자 한 명이 하루에 한두 시간이면 필요한 일을 다 해 줄 수 있을 터였다. 하지만 바로 그 여자 한 명이 이제 주커먼에게는 없었다. 그는 이러한 까닭으로 여자 네 명을 거느리게 되었다.[224]

크리스토퍼 히친스와 필립 로스의 익살스러운 묘사는 원칙적으로는 성 문제를 공개적으로 떠벌려서는 안 된다는 규칙을 위반하는 듯 보인다. 무대에 오르기 전까지는—병 때문에, 혹은 병을 치료해 준다는 약의 부작용 때문에— 준비 과정에서부터 망했다는 말을 발설하면 안 된다.

내가 보기에 모두가 이 실패를 충분히 이야기하지는 않는 것 같다.

이것은 특히 치료의 부작용에서 오는 문제들, 즉 피로, 근력 약화, 신체 접촉에 대한 과민성 등을 염두에 두고 하는 말이다. 머리를 밀면 사람들과 어울리고 싶은 마음이 위축된다. 신발끈을 풀거나 모자를 제대로 쓰는 등의 간단한 동작조차 힘들어진다. 흉측하고 숨 막히는 압박 스타킹을 혼자 신을 수도 없고 뒤엉킨 곱슬머리를 풀 수도 없다. 예의상 대화를 끊지 않고 맞장구를 치면서도 화장실에 가고 싶어 죽을 것 같다.

히친스는 암 치료가 성에 미치는 부작용을 허심탄회하게 얘기한다. 푸코의 주장에도 불구하고, 그리고 종양학과 대기실에 잔뜩 놓여 있는 '당신이 암과 섹스에 대해서 항상 알고 싶었지만 감히 묻지 못한 것' 유의 홍보물 다발에도 불구하고, 사실 히친스 같은 경우는 드물다.

개인적으로는 작은 물건들, 사소한 생활 집기조차 내 손으로 집을 수 없다는 말을 하기 전에 굉장히 망설였다. 항암 치료를 받은 후로 손가락이 심하게 곱아서 그저 마디만 구부려도 통증이 지독하고 피부가 갈라진다(항암제 설명서에도 그렇게 나와 있었다). 따라서 (설명서에는 전혀 나와 있지 않았던 유감스러운 결과로) 자위행위는 뭔가 초인적인 도구를 사용하거나 발로 하는 묘기를 부린다면 모를까, 절대로 감당할 수 없는 시련이 되어 버렸다.

프랑스 가수 그랑 코르 말라드Grand Corps Malade('거대한 병든 몸' 이라는 뜻─옮긴이. 본명은 파비앵 마르소)는 병자의 상태에서 예기치 않게 비롯하는 이 디테일의 문제들을 정확하게 짚어 주었다.

몸을 꼼짝할 수 없는 상태에서 반듯이 누워 있을 때에는 당신이 누워 있는 방 천장과 친절하게도 당신을 향해 고개를 숙이고 얼굴을 내미는 사람들밖에 볼 수 없어도 그걸로 만족해야 한다.

소생실 천장은 연노랑색이다. (…) 아니, 원래는 하얀색이었는데 입에 관을 꽂고 죽을 둥 살 둥 하는 사람들을 내려다보는 데 지쳐서 천장도 누렇게 떴나 보다.

나는 내가 누워 있던 소생실 천장을 아주 세세한 부분까지, 얼룩 하나, 페인트가 갈라진 흔적 하나까지 다 알았다. 그 천장에는 크고 네모난 격자 덮개를 씌운 네온등이 달려 있었다. 격자는 정확히 484개의 네모난 구멍들로 이루어져 있었다. 내가 몇 번이나 세어 보고 확인했다. 소생실에 누워 있는 사람이 의식이 있다면 중요한 일을 할 시간이 많다.[225]

하지만 나 개인적으로 가장 놀랐던 것은 항암 치료로 지문이 완전히 사라질 수도 있다는 사실이었다. 지문이 없어지면 미국 출입국 심사에서 골치 아픈 문제가 생길 것이다. 내가 한 번 더 미국에 갈 수 있을지는 모르겠지만!

21

만성은 시간 잡아먹기다

어떤 사상가들은 인간 조건을 완전히 통찰했노라 주장하면서도 자신의 생각을 경험적으로 검증해야 할 필요를 느끼지 않는다.

그들은 제대로 조사해 보지도 않고서 병원 밖에서 평생 치료를 받으며 살아가는 병자들은 늘 실존적 질문을 품는 것처럼 떠들고 다닌다.[226]

나는 병을 앓기 전의 나와 동일한 사람인가? 왜 하필 나인가? 내가 무슨 잘못을 했다고? 죽음을 어떻게 마주해야 할까? 미래 없는 삶이 무슨 의미가 있을 수 있을까? 누구 때문에, 혹은 무엇 때문에 나에게 이런 불운이 닥쳤을까?

그러나 수많은 환자들이 그들의 일상 속 관심은 훨씬 더 현실적인 문제들에 쏠려 있음을 증언한다. 나 또한 이 증언에 한몫을 보태는 입장이다.

내가 약을 제때 먹었나? 아니, 먹기는 했나? 이놈의 구역질을 어떻게 해야 하나? 이 지긋지긋한 통증을 가라앉힐 방법은 없나? 건강한 식생활을 하려면 식단을 어떻게 짜야 하나? 장을 보거나 집 청소를 도와줄 사람이 없을까? 피곤하고, 졸음이 오고, 자꾸 식은 땀이 나는데 어떻게 일을 해야 할까? 다음번 스캔 검사는 어떻게 해야 하나? 금식을 하고 가야 하나? 혈액 검사를 제때 받았던가? 검사 결과는 팩스로 받았던가? 기타 등등.

사이클 챔피언 로랑 피뇽은 암으로 사망했다. 그는 중병을 앓는 사람에게는 세계가 급속하게 쪼그라들기 때문에 실존적인 질문이 끼어들 여지가 별로 없다고 말한다.

"나의 세상은 완전히 달라졌습니다. 치료, 채혈, MRI, 초음파 검사, 스캐너 등으로 이루어진 세상이지요."[227]

병원에 입원해 있으면 이러한 구체적인 문제들에 마음을 쓰지 않아도 될까? 병원은 형이상학적 성찰에 전념하기에 특히 적합한 장소일까?

현실은 되레 그 반대에 더 가까워 보인다.

불안도가 가장 높은 사람들은(내 얘기다) 부모나 가족이 낙심하지는 않을까, 이제 그들이 만나러 와 주지 않는 것은 아닐까 걱정하느라 형이상학적인 문제에 마음 쓸 여력이 없다.

개인의 정체성 문제보다는 그런 문제들이 더 마음속 깊이 파고든다.

불안도가 높든 그렇지 않든 간에, 입원 환자들은 의료진의 일방적이고 배려 없는 행동들에 잘 대처할 전략을 생각하는 데 상당한 시간을 할애한다.

또한 그들은 자기가 처방받는 치료보다 효과는 더 좋고 고통은 덜한 치료법이 여러 가지 있을 거라 생각하고 그러한 치료법을 알아내고 처방받으려 애쓴다.

요컨대, 입원 생활을 하든 병원 밖에서 지내든, 철학을 업으로 하든 그렇지 않든, '장기 질환'을 앓는 환자들은 물리적인 생존 문제들에 치여 산다.

아마도 종교성이 짙은 전통적인 사회의 구성원들에게는 '질병의 의미'에 대한 형이상학적 고찰이 중대한 의미를 띨 것이다. 특히 그 사회에 시간 잡아먹기chronophage 선수인 현대적인 의료 체계가 아직 없다면 더욱더 그럴 확률이 높다.[228]

하지만 종교와 분리된 데다가 의료 관리가 확실한 세속 사회에서 철학적 성찰이 반드시 환자와 그 주위 사람들의 주된 관심사가 될 리는 없다. 일단, 그럴 만한 시간이 없다![229]

고통효용론자들은 질병이 계기가 되어 우리가 물질적인 삶을 초탈하고 정신을 고양하여 더 나은 사람이 될 수 있다고 말한다.

그들은 그러한 태도가 우발적이지 않은 것처럼, 다시 말해 개인의 심리나 철학적·종교적 사유와 무관하게 누구에게나 일어날 수 있는 것처럼 말한다.

그들은 또한 이 경험이 환자에게 고유한 조건, 환자의 진실이자 본질이라고 믿는다.

그러한 주장은 아무리 잘 봐줘도 의심스럽고, 나쁘게 보자면 틀렸다.

22

질병 정책

아프리카계 미국인 페미니스트이자 레즈비언인 오드리 로드 Audre Lorde는 『암 일기』에서 자신이 왜 유방암으로 인한 유방 절제 수술을 받은 후 순전히 미용을 목적으로 하는 복원 수술을 거부했는지 설명한다.

그녀는 여성은 아름다운 외모가 가장 중요하다는 식의 편견과 타협하고 싶지 않았다고 말한다.[230]

오드리 로드는 유방 복원 수술을 받을 권리를 무시하는 게 아니다. 이 권리는 미국 암 협회도 인정하고 있다. 그녀는 또한 이런 종류의 수술이 의료보험 혜택을 받을 수 있어야 한다는 주장에 반대하는 것도 아니다. 그녀는 단지 여성을 외모로만 보려 드는 규범들을 바꾸기 위해 싸웠다.

그러한 투쟁은 전혀 형이상학적이지 않다. 윤리적 투쟁이나 정치적 투쟁으로 보면 모를까.

의료 관계와 관련 있는 투쟁들은 그 밖에도 있었다.

수많은 저작들이 지금은 환자를 유일무이한 개인으로 바라보고 의료 관계의 중심에 두려고 하는 시각에 변화가 있음을 강조한다.[231]

이때 제기되는 더 일반적인 차원의 질문은, 과연 그러한 시각 변화가 의료 윤리에 유의미한 변화까지 몰고 왔느냐가 되겠다.

의학 연구를 지배하는 의료 윤리와 도덕 원칙이 아주 명쾌하고 일관성 있으며 딱 정해져 있는 것처럼 이야기될 때가 많다.

이거야말로 의사와 환자의 관계, 임상 의학의 발달, 의료 연구를 다루는 모든 저작들이 남발하는 진부해 빠진 거짓말이다.[232]

그렇지만 철학 쪽에서도 몇몇이 그런 클리셰를 담당하고 있다.

그들은 오늘날의 의료 윤리가 환자에 대한 악행 금지, 선행, 환자의 자율성 존중, 공정성이라는 4대 원칙으로 잘 단속되고 있다고 주장한다.[233]

임상 의료에서 이 원칙들이 제 역할을 한다고 보지 않는 사람들, 이 원칙들의 일관성을 의심하는 사람들은 빈정거림을 섞어서 그런 것들은 '염불'에 불과하다고 말한다.

그들의 말에는 일리가 있다.

환자에게 해를 끼치면 안 된다는 원칙대로라면 환자를 사망에 이르게 할 수도 있는 수술은 하지 말아야 한다. 그렇지만 통계에 따르면 오늘날 병원 내 사망 환자의 3분의 1은 의료진의 결정과 모

종의 관계가 있다.[234]

　환자의 자율성을 존중한다는 원칙대로라면 환자의 동의가 중심을 차지해야 한다. 하지만 사망을 목전에 둔 환자의 지시가 늘 존중받는 것은 아니다.

　게다가 환자의 연약함vulnérabilité이라는 새로운 윤리가 발달했다. 이 윤리는 환자의 타인들에 대한 의존 상태, 신체적 쇠약, 병에 걸렸을 때 더욱 악화되는 자연스러운 정서적·인지적 한계를 강조한다.

　새로운 윤리는 환자의 자율성이라는 원칙을 근본적으로 침해하는 듯 보인다. 이로써 자율성의 도덕적 가치와 실제 가능성이 근본적으로 재고된다.[235]

　개인적으로는 이러한 윤리 개념에 회의적이다. 새로운 고통효용론이 이런 식으로 표현되는 것은 아닌지 우려되기 때문이다.

　실제로 이 윤리는 고통, 연약함, 의존성에 '인간 조건'의 구성 요소라는 위상을 부여하고 개인의 자유와 자기 결정이라는 이상들을 환상 수준으로 깎아내린다.

　그뿐 아니라, 의료나 의학적 연구 결과에 대한 접근의 불평등, 다시 말해 건강과 관련한 '사회 정의'의 문제는 현재 의학철학의 중심 과제가 되고 있다.[236]

　마지막으로, 의료와 연구 사이의 경계가 예전에 비해 모호해졌다. 연구 상황에서의 정의 문제도 완전히 그 의미가 달라졌다.

나치의 생체 실험의 공포를 쫓아 버리기라도 하려는 듯, 우리는 오랫동안 가장 취약한 사람, 가장 가난한 사람을 의료 실험에서 보호하려고 노력해 왔다.

오늘날 문제는 가장 장래성 있는 실험에 대해 사회적으로 형편이 그리 좋지 않은 사람들의 접근성 여부다.[237] 특히 암 치료에서 이 접근성이 문제가 된다.

이러한 사회 정의 문제가 우리의 가장 중요한 관심사가 되었다면, 철학자들은 질병을 사유하면서 형이상학적이거나 실존적인 성찰을 전면에 두지 않고 이 문제를 제대로 받아들일 수도 있을 것이다.

23

"우리의 육체에게
동정을 구하는 건
낙지 앞에서 설교하기다."

나는 내 병이 단선적으로 진행되지 않는다는 사실을 깨닫기까지 시간이 좀 걸렸다. 다시 말해, 내 병은 점점 호전되면서 완치라는 종착점을 향해 가는 것도 아니고 점점 나빠지면서 죽음을 향해 가는 것도 아니다.

나는 이제 만족감에서 우울감으로, 가장 비합리적인 낙관주의에서 가장 맹목적인 비관주의로, 점점 더 나아지는 기분 좋은 느낌에서 사실은 더 나빠졌다는 비참한 현실 인정으로 넘어왔다. 그 외에도 끝 모르고 널뛰는 감정 기복에 시달리고 있다.

스토아주의자라면 지나친 낙관주의나 비관주의나 어차피 이성적이지 않기는 마찬가지이므로 떨쳐 버리는 편이 낫다고 말할 것이다.

그렇지만 나는 이성적인 대화가 바람직한지조차 잘 모르겠다.

특히 낙관주의에 젖어 있을 때는 더욱더 그렇지 않나(환상이 나에게 도움이 된다면 왜 그 환상을 버려야 한단 말인가?).

게다가 그런 대화가 가능한지는 더더욱 잘 모르겠다.

어쩌면 우리의 뇌는 그런 유의 환상을 품고 살아가게끔 '프로그래밍'되어 있을 것이다. 그런 환상이 낙관적인 것이든 비관적인 것이든 말이다.

어쨌든 낙관주의가 세상을 있는 그대로의 모습으로 사유하는 것이 아니라 더 바람직한 다른 세상의 가능성—가령 현세의 고통이 입장권이 되어 줄 천국이 존재할 가능성—을 받아들이면 이해될 수 있는 태도라는 생각에 힘을 실어 주는 철학자나 신학자는 앞으로도 늘 있을 것이다.

형이상학적 망설임

이 책에서 나는 줄곧 질병의 '의미'라든가 그 밖에도 이른바 '실존적 형이상학'에 속하는 문제들을 대하는 두 가지 태도 사이에서 망설여 왔다.

나는 철학적 탐구를 시작하면서 질병을 사유하는 방식에서 그놈의 '의미'에 대한 문제들을 완전히 털어 내는 편이 낫다고 보는 논증들을 제안하고 싶었다. 나는 그런 문제들은 합리적인 답을 제시할 수가 없기 때문에 부조리하다고 생각한다.

나는 이러한 사유의 흐름이 환영받을 만하다고 확신하지만 증명은 포기하기로 했다. 우리가 중증 질환에 걸렸을 때 자연스럽게 떠오르는 '의미'에 대한 물음 자체를 부정하는 것은 너무하다는 생각이 들었기 때문이다.

어쨌거나, 나는 우리가 필연적으로 그런 질문들을 제기하게 된다는 사태 자체를 부정할 수 없다.

진화심리학자들은 그들이 '자연스럽다'고 보는 이러한 경향에 대해서 이런저런 설명을 내놓을 것이다.

그들은 이 경향을 인간이라는 종의 오랜 역사 속에서 인류의 번영에 가장 유용한 것, 가장 유리한 것이 '선택된' 결과라고 설명할 확률이 높다(진화심리학자들은 존재하는 모든 것에서 유용성을 발견하는 재주가 놀랍다!).

나는 확실히 진화심리학자들의 주장에는 편승하지 않을 것이다. 사람이 병에 걸리면 실존적 물음을 떠올리게 되는 현상에도 뭔가 쓸모가 있을 거라는, 순전히 '선험적인' 이런 주장에 동의할 수 없다!

이런 물음이 정말로 인류의 번영이나 개인의 행복에 유용한지조차 나는 잘 모르겠다. 그렇지만 당사자들이 이런 물음을 제기하면서 중요하게 생각한다는 점에는 동의한다. 그러므로 그러한 기분 자체를 깎아내리는 듯한 입장에 서고 싶지는 않다.

이러한 까닭으로 나는 물음 자체보다는 우리가 제시할 수 있는 대답들에 관심을 두고 싶었고, 이른바 '고통효용론'에 반론을 펴고 싶었다.

그런데 내가 보기에 그 대답들은 개념적으로 근거가 빈약하고 현실적인 위험을 포함할 수 있다. 중증 질환을 앓는 사람들의 고통을 깎아내리고, 그들에 대한 사회적 폭력을 강화하며, 의료 부권주의의 특정 형태들을 강화할 수도 있기 때문이다.

프루스트의 낙지

결론적으로, 내가 옹호하는 반(反)고통효용론적 시각이 우리에게 각별히 위안이 된다고 말할 수는 없다.

거창한 실존적 정당화 없이 신체적 고통의 바닥으로 내려가는 것은 폭력적인 추락이다. 마르셀 프루스트의 묘사는 이 인정사정 없는 추락을 더없이 강렬하게 환기한다.

> 병들고 나서 비로소 우리는 우리 혼자 사는 것이 아니라 다른 존재와 연결되어 산다는 것을 깨닫게 마련이다. 우리 사이를 심연으로 떼어 놓는 존재, 우리를 모르고 우리를 이해시킬 수도 없는 존재, 그것은 우리의 육체다. 길에서 아무리 무서운 강도를 만나더라도 우리의 불운에 동정하게 만들 수는 없을 망정, 강도 자신의 이해관계를 타일러 그의 마음을 움직일 수는 있을 것이다. 그러나 우리의 육체에게 동정을 구함은 낙지 앞에서 설교하기다. 낙지에게 우리의 말이 물소리만큼의 뜻

이 있을까. 우리가 이 낙지 같은 육체와 평생을 함께 살 수밖에 없다는 생각을 하면 소름이 끼칠 것이다.[238]

우리는 이 놀라운 일련의 은유들을 일종의 철학적 입장 취하기로 이해할 수 있다. 독창적이고 심원한, 육체와 정신의 이원론의 한 형태를 지지하는 '모럴리스트적인' 입장이라고 할까.

육체는 단지 정신과 구분되기만 한 것이 아니다. 육체와 정신은 서로 분리된 두 실체로서 그 속성이 완전히 다르기 때문이다.

육체는 정신에 대하여 이질적인 존재, 흉측하고 적대적인 존재일 것이다.

개인적으로는 이 대목을 철학적 테제(육체와 정신의 '모럴리스트' 이원론)의 표현이라기보다는 육체적 고통이 아무 의미 없는 날것 그대로의 사태라는 직관이 시적으로 반영된 것으로 본다. 육체적 고통은 원인을 따져 설명할 수 있을 뿐, 이유를 들어 정당화할 수 없는 것이라는 직관 말이다.

감사의 글

감사의 글은 소위 '분석' 철학자들의 저서에서 대단히 중요한 부분이다. 바로 그렇기 때문에 그러한 철학적 전통에 속하지 않는 철학자들, 스스로 누구에게도 사유의 빚을 진 바 없는 고독한 지적 영웅이라고 생각하는 철학자들은 감사의 글을 아주 성가셔 한다.

나는 전자에 훨씬 더 가깝다고 생각한다. 그러므로 이 책의 초안을 몇 번이나 읽어 주었던 고마운 사람들에게 내가 빚진 바를 털어 놓는다 하여 당황스러울 것은 없다.

이 명단은 길다. 단순히 '분석학파' 족속의 관습을 따르기 때문이 아니라, 내가 그 수많은 눈 맞춤이 없었더라면 두려움을 극복하지 못했을 것이기 때문이다. 이 책이 너무 뻔뻔하고 사적인 것이 되면 어떻게 하나, 혹은 지나치게 일반적이고 관념적인 방향으로 흐르면 어떻게 하나 하는 두려움 말이다.

내가 개인적인 것과 개인적이지 않은 것을 뒤섞은 이 에세이를 끝까지 쓸 수 있게끔 도움 되는 말을 건네준 모든 이에게 감사한다. 특히 파트리크 사비당이 아니었다면 이 책을 시작조차 하지 못했을 것이다.

이 책에서 바로잡지 못한 오류가 있다면 그 책임은 모두 나에게 있다. 그렇지만 나는 소중한 벗들의 모든 지적, 반론, 논평, 증언, 나아가 단순한 격려의 말까지도 숙고하고 반영하려고 노력했다.

그 벗들의 이름은 다음과 같다. 모니크 캉토스페르베, 크리스틴 타폴레, 크리스티앙 나도, 알베르 오지앙, 자크 카투제프스키, 오로르 므레장, 소니아 크론룬트, 마릴린 질루아, 파트리시아 알리오, 발레리 가토, 마리안느 샤야, 나탈리 마야르, 로베르토 메릴, 장 카시앙 빌리에, 엘렌 몽사크레, 마르타 스프란치, 플로리앙 코바, 베르나르 바에르치, 마리 가유, 이자벨 소랑트, 피에르앙리 카스텔, 파스칼 오리, 필리프 두루, 코린 펠뤼숑, 프랑시스 볼프, 에티엔 클랭, 주느비에브 프레스, 마르탱 지베르, 미셸 발랑시, 소피 뒤포, 페기 사스트르, 프레데리크 주아뇨, 아스트리드 폰 뷔제키스트, 로랑스 뒤뱅, 스테판 르메르, 도미니크 코랭제, 필리프 블레통, 조제프 코앙, 라파엘 자귀리오블리, 미리암 오지앙, 프랑수아 블리스텐, 니콜라 타발리오네, 로널드 드 수사, 소니아 드라트바, 가브리엘 드라트바, 사라 시슈, 엘레오노르 베버, 에밀리 드 튀르켐, 스페란타 뒤미트뤼, 카타리나 엘밍, 티펜 베스나르산티니, 스테파니 스트라이커, 닥터 비안네 무르망, 닥터 아일통 세풀베다.

내가 최상의 조건에서 이 책을 마무리할 수 있도록 헬싱키, 하미나, 아발롱을 추천해 준 엘리나 브로테루스, 라우리 아스탈라, 헬리 힐투넨, 요르마 푸라넨에게도 특별한 감사를 전한다. 기나긴 집필 기간 동안 내 삶을 조금이라도 더 견딜 만하게 해 주려고 최선을 다한 크리스티나 하우토넨에게도 고맙다는 말을 하고 싶다.

주

1) René R. Khawam, *Les Mille et Une Nuits*, Phébus 'libretto', 1986, Paris, p. 71.

2) 철학자들은 질병을 으레 두 종류로 나누어 정의해 왔다. 순전히 유기체 차원의 기준, 즉 생리학적인 기준에 근거하므로 '객관적'으로 간주되는 '자연주의적' 질병이 있는가 하면, 어떤 사회에서 통용되는 규범에 따라 환자의 '주관적' 기분, 전반적인 생활 양식의 변화, 공공보건 정책의 소임 등을 고려하는 '규범주의적' 질병이 있다. 다음을 참조하라. Jean-Claude Fondras, *Santé des philosophes, philosophes de la santé*, Nantes, éditions nouvelles Cécile Defaut, 2014, p. 129-198. 그렇지만 이 구분에 이의를 제기할 근거들은 충분하다! 이에 대해서는 다음을 보라. Germund Hesslow, 《Avons-nous besoin d'un concept de maladie?》(1993), trad. Maël Lemoine, dans Élodie Giroux et Maël Lemoine (dir.), *Philosophie de la médecine. santé, maladie, pathologie*, Paris, Vrin, 2012, p. 305-329.

3) Randolph Nesse, 《À propos de la difficulté de définir la maladie. Une perspective darwinienne》(2001), trad. Pierre-Olivier Méthot, dans Giroux et Lemoine, op. cit., p. 83-219.

4) Kazem Zadegh-Zadeh, 《La maladie comme ressemblance à un prototype》(2008), trad. Maël Lemoine, dans Giroux et Lemoine, op. cit., p. 361-404; M. D. Stefan et I. C. McManus, 《The Concept of Disease, its Evolution in Medical Students》, *Social Science and Medicine*, vol. 26, n° 7, 1989, p. 791-792.

5) Audrey Garric, 《De quoi meurt-on dans le monde?》, *Le Monde*, 18 décembre 2014; Benjamin Derbez et Zoé Rollin, *Sociologie du cancer*, Paris, La Découverte, 2016, p.74-75.

6) 내가 여기서 전반적인 고통효용론을 비판했다고 해서 나에게 의학이나 건강에 대한 철학서를 쓰겠다는 야심이 있었던 것은 아니다! 내 기획은 훨씬 소박하다. '사변적인' 여담을 늘어놓으면서 의료진 입장에서가 아니라 환자 입장에서 의료 기관들을 분석해 보고 싶다. 내가 트리스트람 H. 엥겔하르트나 조르주 캉길렘 같은 의학철학의 대가들보다 어빙 고프먼이나 탤컷 파슨스를 더 많이 참조하는 이유가 바로 여기에 있다.

7) Roselyne Rey, *Histoire de la douleur*(1993), nouvelle édition avec des postfaces de Jean Cambier et Jean-Louis Fischer, Paris, La Découverte, 2011, p. 376-377.

8) 종교적·세속적 고통효용론을 비판한 사람이 당연히 나 한 사람만은 아니다! 나와 전반적인 생각의 흐름을 달리하는 작가들, 가령 폴 리쾨르도 이 비판에서만큼은 나와 의견이 일치한다. 리쾨르의 글 「고통은 통증이 아니다」 (1992)를 참조하기 바란다(Claire Marin et Nathalie Zaccaï-Reyners, *Souffrance et douleur. Autour de Paul Ricœur*, Paris, PUF, 2013, p. 13-33. 특히 16쪽에서 리쾨르는 명시적으로 고통효용론을 거부한다).

9) Rey, *Histoire de la douleur*, op. cit. 피에르앙리 카스텔은 개인적으로 나에게 이 같은 종교사를 고찰할 것을 권유했지만 나는 역사학자도 아니고 신학자도 아니므로 그러한 고찰을 대체로 배제했다. 그는 종교사에 넘쳐 나는 고통효용론적 관념들이 실제로 오늘날의 사유에도 상당한 지적 흔적을 남겼다고 본다. 이 흔적이 말하자면 '현대화되어,' 참을 수 없는 정신적 고통을 그보다 참을 만한 신체적 고통으로 대체하는 것이 심리적으로는 이롭다는 생각으로 표현되기도 한다. 이를테면 나쁜 짓을 하고 싶은 강박적 충동, 돌이킬 수 없는 잘못을 저질렀다는 자책감, 견디기 힘든 우울감을 잊기 위해 신체 자해를 저지르는 식이다. 그렇지만 내가 생각하는 고통효용론은 우리의 신체적 고통

이 정신적 고통의 더 나은 대체물인지 아닌지와 상관없다. 그보다는, 심리적으로 얻는 것이 있다고 해서 우리의 신체적 고통이 도덕적으로 정당화되기에 충분한가가 문제다.

10) Rey, *Histoire de la douleur*, op. cit., p. 375.

11) 앞의 책.

12) Julien Teppe, *Apologie pour l'anormal ou Manifeste du dolorisme,* préface du docteur Ch. Fessinger (1935), suivi de *La Dictature de la douleur ou Précisions sur le dolorisme* (1946), Paris, Vrin, 1973, p. 23-24.

13) 앞의 책.

14) Marc Augé et Claudine Herzlich (dir.), *Le Sens du mal. Anthropologie, histoire, sociologie de la maladie,* Bruxelles, Éditions des archives contemporaines, 1984.

15) Fondras, *Santé des philosophes, philosophes de la santé* 를 참조하라. 이 책은 특히 이러한 맥락에서 세네카(p. 57-58)와 니체(p. 118-120)를 언급한다.

16) Gavin Francis, 《How many speed bumps?》, *London Review of Books,* 21 August 2014. Joanna Burke, *The Story of Pain: From Prayer to Painkillers,* Oxford, Oxford University Press, 2014에서 재인용.

17) 이 진술에 대해서는 크리스틴 타폴레에게 감사하게 생각한다. 또한 고통효용론에 따라온다는 이 '이점'이 어떤 것들인지 앞서 생각해 보았던 스테판 르메르에게도 감사한다.

18) 실제로 '형이상학'을 광의적으로 해석하거나 형이상학이라는 영역의 한계를 유연하게 파악하는 태도는 이른바 '분석철학자들'에게 아주 흔하다. 다음 저작들을 참고하라. Michael Rea, *Metaphysics. The Basics*, New York, Routledge, 2014; David J. Chalmers, David Manley, Ryan Wasserman (dir.), *Metametaphysics. New Essays on the Foundations of Ontology,* Oxford, Clarendon Press, 2009.

19) Olivier Massin et Anne Meylan (dir.), *Aristote chez les Helvètes. Douze essais*

de métaphysique helvétique, illustrations de Baba, Montreuil-sous-Bois, Les Éditions d'Ithaque, 2014 ; Frédéric Nef, *Qu'est-ce que la métaphysique?*, Paris, Gallimard, coll. Essais, 2004 ; Francis Wolff, *Pourquoi y a-t-il quelque chose plutôt que rien?*, Paris, PUF, 2014.

20) Saul Kripke, *La Logique des noms propres* (1972, 1980), trad. Pierre Jacob et François Recanati, Paris, Minuit, 1982, p. 36-41 ; Alvin Plantinga, *The Nature of Necessity*, Oxford, Clarendon Paperbacks, 1974.

21) Thomas Nagel, *Qu'est-ce que tout cela veut dire? Une très brève introduction à la philosophie* (1987), trad. Ruwen Ogien, Paris, Éditions de l'éclat, 4ᵉ édition, 2003.

22) 이 영역에서 앞으로도 사유의 진보가 기대된다는 말을 해 두어야겠다! Robert Nozick, 《Explications théologiques》, dans *Méditations sur la vie* (1989), trad. Michèle Garène, Paris, Odile Jacob, 1995, p. 241-261 ; Susan Neiman, *Evil in Modern Thought. An Alternative History of Philosophy*, Princeton, Princeton University Press, 2015 ; Marylin McCord Adams et Robert Merrihew Adams (dir.), *The Problem of Evil*, Oxford, Oxford Readings in Philosophy, Oxford University Press, 1990.

23) Amie L. Thomasson, 《Answerable and Unanswerable Questions》, dans Chalmers, Manley, Wasserman (dir.), *Metametaphysics. New Essays on the Foundations of Ontology*, op. cit., p. 444-471.

24) Augé et Herzlich, *Le Sens du mal*, op. cit.

25) (옮긴이) 변신론(théodicée)은 그리스어의 theos(신)와 dikē(정의)를 합쳐 만든 말로서 '신의론(神義論)'이라고도 하나, 신의 의로움을 변호한다는 뜻에서 '변신론'이라는 역어가 더 많이 쓰인다. 악의 존재가 신의 의지에 반(反)하는 것이 아니라고 주장하는 라이프니츠의 이론이다.

26) Nozick, 《Explications théologiques》, art. cité ; Neiman, *Evil in Modern Thought. An Alternative History of Philosophy*, op. cit.

27) (옮긴이) 의료진의 판단은 전적으로 환자에게 도움이 되므로 환자는 무조건 의료진의 결정을 따라야 한다는 주의.

28) Didier Eribon, *Michel Foucault*, Paris, Flammarion, coll. Champs, 1991, p. 350-352.

29) 제임스 밀러라면 이렇게 생각할 법도 하다. 다음을 참조하라. James Miller, *La Passion Foucault* (1993), trad. Hughes Leroy, Paris, Plon, 1995, p. 416.

30) Norbert Elias, *La Solitude des mourants* (1982), trad. Sybille Muller, suivi de *Vieillir et mourir: quelques problèmes sociologiques*, trad. Claire Nancy, Paris, Christian Bourgois, 1987.

31) 조너선 코트는 『롤링 스톤』지의 수전 손택 인터뷰에서 카프카의 이 문장을 인용했지만 안타깝게도 출처는 밝히지 않았다. 다음을 보라. Susan Sontag, *Tout, et rien d'autre. Conversation avec Jonathan Cott* (2013), trad. Maxime Catroux, Paris, Flammarion, coll. Climats, 2015, p. 37.

32) Hervé Guibert, *À l'ami qui ne m'a pas sauvé la vie*, Paris, Gallimard, coll. Folio, 1990, p. 15.

33) Susan Sontag, *La Maladie comme métaphore* (1977, 1978), trad. Marie-France de Paloméra, suivi de *Le sida et ses métaphores* (1988), trad. Bruce Matthieussent, Paris, Christian Bourgois éditeur, 1993.

34) 같은 책, p. 134-135.

35) Guibert, *À l'ami qui ne m'a pas sauvé la vie*, op. cit.; Sigrid Nunez, *A Memoir of Susan Sontag*, New York, Atlas & Co, 2011.

36) (옮긴이) 프랑스의 의료보험 카드.

37) (옮긴이) 프랑수아 올랑드 내각에서 통상국무장관을 맡았던 토마 테브누는 소득 신고 누락으로 물의를 빚었을 때 '행정 절차에 대한 공포'를 사유로 들어 변명했는데 한동안 이 표현은 거의 유행어처럼 회자되었다.

38) *Journal officiel*, 21 juin 2011.

39) 이 권리 선언은 2002년 3월 4일에 이른바 '쿠슈네 법'으로 천명되었다(혹은

확증되었다고 하겠다). 이 법이 내세운 '보건민주주의의 확장'이라는 막연한 표현은 그리 잘 정의되지 않은 권리들 일체를 기준으로 삼는다. 보건민주주의의 확장은 환자가 자신의 건강 상태에 대해서 명확하고 알아들을 수 있게 설명 들을 권리, 모든 종류의 경제적, 사회적, 인종적, 종교적 차별을 떠나 양질의 의료 서비스를 받을 권리, 그러한 서비스를 시행하는 의사와 병원을 선택할 권리를 보호한다고 한다. 그러한 확장은 특히 자유롭고 명시적인 동의와 의료 비밀의 엄수를 요구한다. 하지만 그러한 확장이 실제로 구체적으로 공헌한 바로는, 비록 절차상의 번거로움 때문에 조건을 충족하기가 어렵기는 해도 환자가 자신의 의료 문서에 접근할 수 있게 되었다는 점을 들 수 있다. *Journal officiel*,《Loi nº 2002-30-33 du 4 mars 2002 relative aux droits du patient et à la qualité du système de santé》, 5 mars 2002, p. 4118.

40) Aaron Cicourel, *Le Raisonnement médical. Une approche socio-cognitive*, textes rénis et présentés par Pierre Bourdieu et Yves Winkin, Paris, Le Seuil, coll. Raisons d'agir, 2002, p. 30.

41) 같은 책, p. 91-95, 의료 진단 서비스에서의 '전문가 시스템(인공지능)' 개발을 다룬 부분을 보라. Benoît George,《Le Big Data s'attaque au diagnostic médical》, *Les Échos*, 9 avril 2013.

42) Simone de Beauvoir, *Une mort très douce*, Paris, Gallimard, coll. Folio, 1964.

43) 같은 책, p. 27. 강조는 필자.

44) Paul Gadenne, *Siloé*(1941), Paris, Le Seuil, coll. Points, 1974, p. 79-80.

45) Beauvoir, *Une mort très douce*, op. cit., p. 111. 이건 어디까지나 1960년대 이야기라는 것을 분명히 해 두자. 지금 프랑스에는 이런 식으로 죽음의 의식을 치르는 병원들이 없으리라 생각한다.

46) 같은 책, p. 25.

47) 같은 책, p. 27.

48) 같은 책.

49) 같은 책, p. 31.

50) *Les Mille et Une Nuits*, op. cit.

51) 이 같은 자유의 침해에 대해서는 나의 다른 저서를 참조하기 바란다. *L'État nous rend-il meilleurs? Essai sur la liberté politique*, Paris, Gallimard, coll. Folio Essais, 2013.

52) Talcott Parsons, 《Structure sociale et processus dynamique : le cas de la pratique médicale》(1951), dans *Élements pour une sociologie de l'action*, trad. François Bourricaud, Paris, Plon, 1955, p. 193-255, p. 230.

53) 같은 책, p. 230.

54) Richard Peschel et Enid Peschel, 《Selective Empathy》, dans Howard M. Spiro, Mary G. McCrea Curnen, Enid Peschel, Deborah St. James (dir.), *Empathy and the Practice of Medicine, Beyond Pills and the Scalpel*, New Haven, Yale University Press, 1993, p. 110-120.

55) 모니크 캉토스페르베(Monique Canto-Sperber)가 개인적인 대화에서 지적한 바를 이 부분에 끼워 넣었다. 모니크에게 감사를 표한다!

56) Parsons, 《Structure sociale et processus dynamique : le cas de la pratique médicale》, art. cité. 나는 '의사의 사회적 역할' 개념과 그 한계를 뒤에서 좀 더 자세히 다룰 것이다.

57) Friedrich Nietzsche, *Ecce homo* (1906), traduction, introduction, notes, index Éric Blondel, Paris, GF-Flammarion, 1992, p. 116-117.

58) Friedrich Nietzsche, *Aurore* (1880), texte établi par Giorgio Colli et Mazzino Montinari, trad. Julien Hervier, Paris, Gallimard, coll. Idées, 1970, p. 122.

59) Friedrich Nietzsche, *Fragments posthumes, Automne 1887-mars 1888*, édit. Giorgio Colli et Mazzino Montinari, trad. Henri-Alexis Baatsch et Pierre Klossowski, Paris, Gallimard, 1976, fragment 473.

60) Tarmo Kunnas, *Nietzsche ou l'esprit de contradiction*, Paris, 1980, p. 129 (니체의 유고와 『아침놀』을 참조한 분석).

61) Friedrich Nietzsche, *Le Crépuscule des idoles ou Comment philosopher à coups de marteau* (1888), édit. Giorgio Colli et Mazzino Montinari, trad. Jean-Claude Hemery, Paris, Gallimard, coll. Idées, 1974, p. 14.

62) Fondras, *Santé des philosophes, philosophes de la santé*, op. cit., p. 113.

63) Christopher Hitchens, *Vivre en mourant* (2012), trad. Bernard Lortholary, Paris, Flammarion, coll. Climats, 2013, p. 69-70.

64) Kunnas, *Nietzsche ou l'esprit de contradiction*, op. cit., p. 131.

65) Jonathan Haidt, *L'Hypothèse du bonheur. La redécouverte de la sagesse dans la science contemporaine* (2006), trad. Matthieu Van Pachterbeke, Bruxelles, Mardaga, 2010.

66) Nietzsche, *Ecce homo*, op. cit., p. 117-118.

67) Boris Cyrulnik, *Un merveilleux malheur*, Paris, Odile Jacob, 1999 ; Hubert Ripoll, 《Cessons de porter un regard coupable sur les sportifs handicapés》, *Le Monde*, 8 septembre 2016.

68) 이 부분을 지적해 준 크리스틴 타폴레에게 고마움을 전한다.

69) Tamsin Shaw, 《The Psychologists Take Power》, *The New York Review of Books*, 25 February 2016.

70) Virginia Woolf, *De La Maladie* (1930), traduction et présentation Élise Argud, Paris, Payot & Rivages, 2007, p. 24-25.

71) Fritz Zorn, *Mars* (1977), préface Adolf Muschg, trad. Gilberte Lambrichs, Paris, Gallimard, 1979 ; Hervé Guibert, *À l'ami qui ne m'a pas sauvé la vie*, op. cit. ; *Le Protocole compassionnel*, Paris, Gallimard, 1991 ; Aleksandr Solzhenitsyn, *Le Pavillon des cancéreux* (1968, 1979), trad. Alfreda Aucouturier et alii, Paris, Robert Laffont, coll. Pavillons poche, 2011.

72) 그리고 이 장르들을 혼합한 저작들도 있다. Jean-Luc Nancy, *L'Intrus*, Paris, Galilée, 2010.

73) Martha Nussbaum, *La Connaissance de l'amour. Essais sur la philosophie et la*

littérature(1991), trad. Solange Chavel, Paris, Cerf, 2010.

74) Marie-Dominique Arrighi, *K, histoires de crabe. Journal d'une nouvelle aventure cancérologique*, Saint-Pourçain-sur-Sioule, Bleu Autour, 2010; Tahar Ben Jelloun, *L'Ablation*, Paris, Gallimard, 2014; Gilles Barbedette, *Mémoires d'un jeune homme devenu vieux*, préface René de Ceccaty, Paris, Gallimard, 1993; Thomas Bernhard, *Le Souffle. Une décision*(1978), trad. Albert Kohn, Paris, Gallimard, 1983; Hitchens, *Vivre en mourant*, op. cit.; Audre Lorde, *The Cancer Journals*, Special Edition, San Francisco, Aunt Lute Books, 1997; Philip Roth, *La Leçon d'anatomie*(1983), trad. Jean-Pierre Carasso, Paris, Gallimard, 1985; Soljenitsyne, *Le Pavillon des cancéreux*, op. cit.; Lydie Violet et Marie Desplechin, *La Vie sauve*, préfaces Roger-Pol Droit, Jean-François Chermann et Erik Orsenna, Paris, Le Seuil, coll. Points, 2006; Woolf, *De la maladie*(1930), op. cit.

75) 특히 다음의 작품들이 좋은 호응을 얻었다. Marie Desplechin, *La Vie sauve*, op. cit.; Emmanuel Carrère, *D'autres vies que la mienne*, Paris, Gallimard, coll. Folio, 2010; Colombe Schneck, *Val de grâce*, Paris, J'ai lu, 2015.

76) Susan Sontag, *La Maladie comme métaphore*, suivi de *Le sida et ses métaphores*, op. cit.

77) 같은 책.

78) 많은 이들이 이러한 생각을 받아들이고 옹호한다. 특히 다음을 참조하라. George Lakoff et Mark Johnson, *Les Métaphores dans la vie quotidienne*(1980), trad. Michel de Fornel et Jean-Jacques Lecercle, Paris, Minuit, 1985.

79) Robert Nisbet, *Sociology as an Art Form*, Oxford, Oxford University Press, 1977.

80) 같은 책, p. 32-33.

81) Francis, 《How many speed bumps?》, art. cité.

82) Sontag, *La Maladie comme métaphore*, suivi de *Le sida et ses métaphores*, op. cit., p. 11.

83) Francis, 《How many speed bumps?》, art. cité.

84) 같은 책.

85) (옮긴이) 종양(tumor)과 땅(land)을 합쳐 만든 말.

86) Hitchens, *Vivre en mourant*, op. cit., p. 9.

87) 한 인류학자는 공적 보험이나 개인 보험이 불완전할 때 '암 나라'로 '이주'한 사람에게 물질적, 재정적 고민이 가장 우선순위가 되는 과정을 잘 보여주었다. S. Lochlann Jain, *Malignant. How cancer becomes us*, Stanford, University of California Press, 2013.

88) (옮긴이) 독일 출신의 프랑스 저술가이자 다큐멘터리 작가. 남편 요리스 이벤스와 함께 여러 작품을 공동 작업했다.

89) Marceline Loridan-Ivens, *Ma vie balagan*, écrit en collaboration avec Elisabeth D. Inandiak, Paris, Robert Laffont, 2008, p. 12.

90) Gustave-Nicolas Fischer, *Psychologie du cancer. Un autre regard sur la maladie et la guérison*, Paris, Odile Jacob, 2013, p. 108.

91) 같은 책.

92) 나는 조르주 캉길렘의 다음 문장이 이 세 은유 중 어느 것에 해당하는지 생각해 보았다. "지금까지 병리는 질병이 병자에게 진정 '또 다른 삶의 양식'으로서 지니는 성격을 거의 고려하지 않았다"(《Essai sur quelques problèmes concernant le normal et le pathologique》(1943) dans *Le normal et le pathologique*, Paris, PUF, 1966, P. 51). 캉길렘은 병자가 자신을 '다르게 느낀다'는 점에 주목하는데, 의학은 병자의 상태가 '건강한 상태'였을 때와 질적으로는 다르지 않고 양적으로만 다르다는 점을 강조한다. 그러나 내가 보기에 캉길렘은 (더 풍요해지거나 손실을 입었다기보다는) 삶이 달라진 것 같은 병자의 이 기분을 평가할 만한 내용을 제시하지 못했다. 따라서 그의 문장도 왕국의 은유, 혹은 새로운 고장으로의 이주라는 은유에 해당하지 않을까 싶다. 캉길렘 전공자들

이 내가 그의 문장을 순수한 은유로 보는 것을 (나쁘게는) 매우 조악한 과오요, (좋게 봐줘도) 불경죄라고 나를 비난할 수도 있다는 것을 완벽하게 의식하면서 이 글을 쓴다!

93) 라 퐁텐 우화 중 「페스트에 걸린 동물들」에서 '공포를 퍼뜨리는' 것은 단어가 아니라 질병 그 자체다. 정확히는 '공포를 퍼뜨리는 어떤 병'이라고 되어 있다.

94) Siddhartha Mukherjee, *L'Empereur de toutes les maladies. Une biographie du cancer* (2011), trad. Pierre Khaldy, Paris, Flammarion, coll. Libres Champs, 2016, p. 247-258. 게다가 내가 제대로 이해한 것이라면 '당뇨' 같은 단어들도 문제가 될 수 있다. 제1형 당뇨와 제2형 당뇨로 지칭하는 신체 상태는 자못 다르기 때문이다 (전자는 자가면역 질환이고, 후자는 심혈관계 질환 위험 인자다). Luc Perino, 《Plaidoyer pour plus de science en médecine》, *Le Monde*, 7 septembre 2016.

95) 오르만과 소렌슨은 모두 무커르지 박사의 환자 이름이다. 루게릭병이나 파킨슨병 같은 질병 이름으로 혼동하지 않기 바란다.

96) Mukherjee, *L'Empereur de toutes les maladies. Une biographie du cancer*, op. cit., p. 247.

97) 같은 책, p. 321.

98) (옮긴이) '래스커파'는 앨버트와 메리 래스커 부부가 설립한 재단과 그 관련인들을 가리킨다. 래스커 부부는 '마케팅' 전문가이자 로비스트로서 암 연구 재정 지원 캠페인을 주도했다.

99) Mukherjee, *L'Empereur de toutes les maladies. Une biographie du cancer*, op. cit., p. 247.

100) Jerome Groopman, 《Cancer: A Time for Skeptics》, *The New York Review of Books*, 10 March 2016; Vincent T. De Vita Jr & Elizabeth De Vita-Raeburn, *The Death of Cancer*, New York, Sarah Crichton Books, Farrar, Straus and Giroux, 2016.

101) Derbez et Rollin, *Sociologie du cancer*, Paris, La Découverte, 2016, p. 74-75.

102) 같은 책.

103) 같은 책.

104) Cicourel, *Le Raisonnement médical*, op. cit., p. 74-75; Sontag, *La Maladie comme métaphore*, op. cit., p. 12.

105) Derbez et Rollin, *Sociologie du cancer*, op. cit., p. 74-75.

106) Sontag, *La Maladie comme métaphore*, op. cit., p. 17.

107) Jean Paulhan, *La Preuve par l'étymologie*, Bazas, Le Temps qu'il fait, 1988, p. 26-27.

108) Léon Tolstoï, *La Mort d'Ivan Ilitch*, suivi de *Maître et serviteur* et de *Trois morts*, trad. Michel-Rostislav Hofmann, Paris, Le Livre de poche, 1976.

109) Thomas Mann, *La Montagne magique* (1924), trad. Maurice Betz, Paris, Le Livre de poche, 1991.

110) Soljenitsyne, *Le Pavillon des cancéreux*, op. cit.

111) Zorn, *Mars*, op. cit., p. 320.

112) Georges Bernanos, *Journal d'un curé de campagne* (1936), préface André Malraux, Plon-Pocket, 1974, p. 320-322.

113) 같은 책, p. 321.

114) Philippe Adam et Claudine Herzlich, *Sociologie de la maladie et de la médecine* (1994), Paris, Armand Colin, 2014, p. 68-69.

115) 같은 책.

116) Janine Pierret, 《Les significations sociales de la santé et de la maladie》, dans Augé et Herzlich (dir.), *Le Sens du mal*, op. cit., p. 217-256.

117) Adam et Herzlich, *Sociologie de la maladie et de la médecine*, op. cit., p. 65.

118) 같은 책, p. 65-66.

119) Derbez et Rollin, *Sociologie du cancer*, op. cit., p. 84-88.

120) Elisabeth Kübler-Ross, *Les Derniers Instants de la vie* (1969), trad. Cosette Jubert et Étienne de Peyer, Genève, Labor et Fides, 1975.

121) 시즌 2, 1화.

122) 아리스토텔레스는 이러한 이유로 분노를 혼합적 감정이라고 보았다(아리스토텔레스, 『수사학』, 제2권).

123) 존 엘스터는 이러한 생각을 중심으로 하나의 이론을 수립했다. Jon Elster, *Alchemies of the Mind*, Cambridge, Cambridge University Press, 1999.

124) (옮긴이) 프랑스에서 응급 환자나 중증 환자는 구급차나 환자 운송 택시 등을 이용한 경우 증명 서류를 제시하여 이용 금액을 환급받을 수 있다.

125) 애도의 5단계 이론을 서사의 중요한 소재로 활용한 TV 드라마와 영화 들은 바로 이 점을 잘 보여 주었다. 앞에서 인용한 밥 포시의 영화와 〈닥터 하우스〉의 에피소드가 특히 그러하다.

126) (옮긴이) 진단을 받은 후에 다른 의사를 찾아가 구하는 의견을 뜻하는 관용 표현.

127) Derbez et Rollin, *Sociologie du cancer*, op. cit., p. 81.

128) 같은 책.

129) 마티외 린동도 다소 우울한 주제로 그런 글을 멋지게 쓴 바 있지 않은가. Mathieu Lindon, *Je ne me souviens pas*, Paris, P.O.L., 2016.

130) (옮긴이) 프랑스의 의료 정보 전문 웹 사이트.

131) (옮긴이) 구약성서에서 969세까지 살았다고 하여 장수의 대명사가 된 인물.

132) (옮긴이) Toucher créatif, 프랑스에서 만들어진 일종의 안마 요법.

133) 내가 역사적, 사회적, 심리학적 일반론에 느끼는 반감은 비단 우리가 중증 질환을 생각하는 방식에 만연한 일반론에 국한되지 않는다고 말해 두고 싶다. '시대정신,' '거대 서사'의 고갈, 우리 사회의 지적·문화적 '퇴폐,' '문명 전쟁' 등에 대한 거창하고 성급한 일반화, 이론의 여지를 남기지 않고 싸잡아 뭉뚱그린 주장 들이 나는 늘 개탄스럽다. 블라디미르 나보코프

는 1920년대에 쓴 짧지만 명쾌한 글에서 '일반론의 마(魔)'라고 하는 것을 조롱했다고 할 수 있다(이 글은 최근에야 『타임스 리터러리 서플먼트』에 처음으로 번역문이 발표되었다). 나는 일반론이라는 것이 늘 조롱거리가 되었으면 좋겠다! 그러나 일반론은 물론 도처에서 계속 넘쳐 나고 있다. Vladimir Nabokov, 《On Generalities》, *The Times Literary Supplement*, 13 May 2016.

134) Laurence M. Thomas, 《Rayonnement moral et rivalité de la souffrance》, *Portulan I*, 1998, p. 281.

135) Laurence M. Thomas, *Vessels of Evil: American Slavery and the Holocaust*, Philadelphie, Temple University Press, 1993.

136) John Hick, 《Soul-Making and Suffering》, dans Marylin McCord Adams et Robert Merrihew Adams(dir.), *The Problem of Evil*, op. cit., p. 168-188.

137) Mihail Sebastian, *Journal. 1935-1944*, préface par Edgar Reichmann et traduit par Alain Paruit, Paris, Stock, 2007. 루마니아의 시인 미하일 세바스티안은 그가 유대인들의 고통을 함께한다는 사실에 대하여 일종의 교만, 나아가 '허영심'마저 느끼지 않을 수 없노라 말한다. 그러한 허영심은 고통이 지적·도덕적 우수성을 끌어낸다는 생각과 전혀 맞지 않는다. 그렇지만 세바스티안은 자기가 그런 감정을 느낀다는 사실을 유감스러워하고, 이 때문에 어떤 독자들은 그도 '유대인을 혐오하는 유대인'에 해당한다고 본다. 이 분석에 대해서는 다음을 보라. John Banville, 《Surrounded by Jew-Haters》, *The New York Review of Books*, 26 May 2016.

138) Shmuel Trigano, *Juifs et Noirs. Du mythe à la réalité, Pardès, Études et culture juives*, n° 44, Paris, Éditions In Press, 2008.

139) Marvin Perry et Frederick M. Schweitzer, *Antisemitism: Myth and Hate from Antiquity to the Present*, Basingstoke & New York, Palgrave Macmillan, 2002.

140) Thomas, 《Rayonnement moral et rivalité de la souffrance》, art. cité.

141) 내가 말하는 '윤리적 혹은 도덕적 차원'이란 '영미권' 생명윤리학자들의 가장 인기 좋은 원칙 보따리를 아무런 비판 정신 없이 인용하는 선에서 만족하는 수많은 책과 기사들에 국한되지 않는다(Suzanne Rameix, *Fondements philosophiques de l'éthique médicale*, Paris, Ellipses, 1996, p. 19-20 참고). 톰 뷰챔프와 제임스 칠드레스는 그 원칙 보따리를 자율성 존중, 환자에 대한 악행 금지, 선행, 공정성이라는 네 가지 조건으로 정식화했다(Tom L. Beauchamp et James F. Childress, *Les Principes de l'éthique biomédicale* [1979], trad. Martine Fisbach, Paris, Les Belles Lettres, 2008). 하지만 그러한 원칙에서 출발하지 않으면서도 '윤리적' 관점에서 의료 관계를 바라본 분석들은 많다. 심지어 그러한 원칙들에 근거한 윤리를 거부하는 분석도 있다. 여러 가지 예가 있지만 특히 에마뉘엘 레비나스의 사상에 영감을 준 분석들이 그러하다. 일반적인 윤리에 대한 다양한 생각들과 의료 윤리에 대해서는 다음 책에 비교적 뚜렷하게 기술되어 있다. Céline Lefève, Lazare Benaroyo, Frédéric Worms (dir.), *Les Classiques du soin*, Paris, PUF, 2015.

142) Parsons, 《Structure sociale et processus dynamique: le cas de la pratique médicale moderne》, art. cité.

143) Matthias Zick Varul, 《Talcott Parsons, the Sick Role and Chronic Illness》, *Body & Society*, vol. 16, n° 2, juillet 2010, p. 72-94.

144) Adam et Herzlich, *Sociologie de la maladie et de la médecine*, op. cit.

145) Anne-Marie Moulin, *Le Corps face à la médecine*, dans Alain Corbin, Jean-Jacques Courtine, Georges Vigarello (dir.), *Histoire du corps*, Paris, Le Seuil, 2005, p. 17.

146) 같은 책.

147) Philippe Batifoulier, *Capital-Santé. Quand le patient devient client*, Paris, La Découverte, 2014.

148) 나는 사회적 역할들의 '극적인' 성격을 강조함으로써 파슨스의 이론에 '고프먼 식'의 해석을 제안했을 뿐이다. 캐나다 출신의 미국 사회학자 어빙 고

프먼은 사회적 역할 분석에 연극이라는 은유를 도입함으로써 놀랍도록 풍부한 성과를 얻어 냈다. 고프먼의 여러 저작들 중에서도 특히 다음 책을 읽어 보기를 권한다. *La Mise en scène de la vie quotidienne, I, La présentation de soi*(1959), trad. Alain Acardo, Paris, Minuit, 1973.

149) Parsons, 《Structure sociale et processus dynamique: le cas de la pratique médicale moderne》, art. cité.

150) Samuel Butler, *Erewhon*(1872), trad. Valery Larbaud, Paris, Gallimard, coll. L'Imaginaire, 1981. 오늘날 거의 잊힌 이 소설의 존재를 알려 준 크리스틴 타폴레에게 감사를 표한다.

151) 같은 책, p. 117.

152) 같은 책.

153) Adam et Herzlich, *Sociologie de la maladie et de la médecine*, op. cit., p. 31-34; Henri Bergeron et Patrick Castel, *Sociologie politique de la santé*, Paris, PUF, coll. Quadrige, 2014.

154) Bergeron et Castel, *Sociologie politique de la santé*, op. cit., p. 133-189.

155) Adam et Herzlich, *Sociologie de la maladie et de la médecine*, op. cit., p. 31-32; Castel et Bergeron, *Sociologie politique de la santé*, op. cit., p. 133-189.

156) Parsons, 《Structure sociale et processus dynamique: le cas de la pratique médicale moderne》, art. cité, p. 197.

157) Adam et Herzlich, *Sociologie de la maladie et de la médecine*, op. cit., p. 33.

158) Parsons, 《Structure sociale et processus dynamique: le cas de la pratique médicale》, art. cité, p. 199.

159) Simon J. Williams, 《Parsons Revisited: from the sick role to…》, *Health: An Interdisciplinary Journal for the Social Study of Health, Illness and Medicine*, vol. 9, nº 2, 2005, p. 123-141.

160) Adam et Herzlich, *Sociologie de la maladie et de la médecine*, op. cit., p. 52-54.

161) 마이클 무어의 영화 〈식코〉는 이러한 책략을 낱낱이 까발림으로써 보험 회사들에게 크게 한 방을 먹였다. 게다가 이른바 '행동(comportemental)' 보험 계발이라는 동향도 같은 방향에서 보아야 한다. 다시 말해 '좋다고' 가정되는 행동을 하는 고객들만이—담배를 피우지 않고, 술을 마시지 않고, 하루에 최소 1만 보를 걷고, 매일 과일과 채소를 다섯 가지 챙겨 먹고, 모든 종류의 스트레스를 피하는 사람들만이—'보험 계약 금액을 환급받고 그렇지 못한 사람들은 계약을 위반한 것으로 간주된다!' 자드 그라댕 드 레페르비에(Jade Grandin de l'Épervier)가 2016년 9월 7일자 『르 몽드』에 게재한 기사 「보험: 당신의 사생활이 보험금보다 중요하다」를 보라. 이러한 시스템이 일반화된다면 우리의 사생활과 건강에 관련된 증명 자료, 또한 만보계, 스마트 워치, 스마트 체중계 등의 데이터를 보험 회사에 제출하지 않고는 보험금 수령이 불가능할 것이다. 게다가 그러한 자료가 누구 손에 들어가고 누가 보게 될지 우리는 알 길이 없다.

162) Butler, *Erewhon*, op. cit.

163) Anne-Marie Moulin, *Le Corps face à la médecine*, Ch. V, 《L'invention des maladies chroniques》, op. cit., p. 32-34.

164) Varul, 《Talcott Parsons, the Sick Role and Chronic Illness》, art. cité.

165) 같은 책.

166) Williams, 《Parsons Revisited: from the sick role to⋯》, art. cité. '환자-전문가'에 대해서는 p. 135를 보라.

167) 같은 책.

168) Varul, 《Talcott Parsons, the Sick Role and Chronic Illness》, art. cité.

169) Philippe Barrier, *Le Patient autonome*, Paris, PUF, 2014.

170) Batifoulier, *Capital-Santé*, op. cit., p. 109-112. 프랑스에서 국가는 주치의 선정과 일반 의약품 판매 제도를 통하여 이 자유를 노골적으로 제한하려 하고 있다. 하지만 이러한 조치들은 소비의 자유를 더욱더 자극할 뿐이다. 보통은 규정을 어긴다 해도 아주 가벼운 처벌밖에 받지 않는다.

171) 같은 책, p.62.

172) Varul,《Talcott Parsons, the Sick Role and Chronic Illness》, art. cité.

173) Ivan Illich, *Némésis médicale. L'expropriation de la santé*, Paris, Le Seuil, 1974.

174) Eliot Freidson, *La Profession médicale* (1973), trad. Andrée Lyotard-May et Catherine Malamoud, préface Claudine Herzlich, Paris, Payot, 1984; Adam et Herzlich, *Sociologie de la maladie et de la médecine*, op. cit., p.85.

175) Moulin, *Le Corps face à la médecine*, op. cit., p.32-34.

176) Andrew Scull,《Chronic Profitability》, *Times Literary Supplement*, 15 August 2014, à propos de S. Lochlann Jain, *Malignant. How cancer becomes us*, op. cit.

177) 페기 사스트르는 개인적인 대화를 통하여 나에게 이 점을 일깨워 주었다. 고맙게 생각한다!

178) Adam Hochschild,《Our Awful Prisons: How Can They Be Changed》, *The New York Review of Books*, 26 May 2016.

179) 같은 책.

180) Adam et Herzlich, *Sociologie de la maladie et de la médecine*, op. cit., p.31.

181) 의사의 진단을 돕거나 대신할 수 있는 정보공학 '전문가 시스템'에 대해서는 다음을 보라. Cicourel, *Le Raisonnement médical*, op. cit., p.91-95.

182) 같은 책.

183) Castel et Bergeron, *Sociologie politique de la santé*, op. cit., p.136-140; Freidson, *La Profession médicale*, op. cit.

184) François Bégaudeau, *Le moindre mal*, Paris, Le Seuil, coll. Raconter la vie, 2014, p.24.

185) 같은 책, p.25-26.

186) Castel et Bergeron, *Sociologie politique de la santé*, op. cit., p.136-140.

187) 로즈 쿠셔(Rose Kusher)의 발언으로 다음 책에서 재인용한 것이다. Mukher-

jee, *L'Empereur de toutes les maladies*, op. cit., p. 321. 안느마리 물랭에 따르면 프랑스도 상황이 크게 다르지 않다(Anne-Marie Moulin, *Le Corps face a la médecine*, op. cit., p. 39-44). 그렇지만 발레리 가토가 나에게 개인적으로 지적해 주었듯이 의료 서비스에 따라서 통증에 접근하는 방식의 차이는 분명히 있다. 그 차이는 부분적으로 이 문제에 대한 의료 위계 윗사람들의 감수성에 달려 있다.

188) Francis, 《How many speed bumps?》, art. cité.

189) Rey, *Histoire de la douleur*, op. cit., p. 379.

190) Francis, 《How many speed bumps?》, art. cité.

191) 이 부분을 지적한 스테판 르메르에게 감사를 전한다!

192) 적어도 내가 존 하이먼이 소개하는 비트겐슈타인의 고통론을 이해한 바로는 그렇다. John Hyman, 《Pain and Places》, in *Philosophy*, vol. 78, n° 303, 2003, p. 5-24.

193) Francis, 《How many speed bumps?》, art. cité.

194) Marcel Proust, *Le Côté de Guermantes,* dans *À la Recherche du temps perdu*, tome II, Paris, Gallimard, Bibl. de la Pléiade, 1988, p. 322.

195) Mark Zborowski, 《Cultural Components in Responses to Pain》, *Journal of Social Issues*, n° 8, 1952, p. 16-30; Adam et Herzlich, *Sociologie de la maladie et de la médecine*, op. cit., p. 58-59.

196) Zborowski, 《Cultural Components in Responses to Pain》, art. cité.

197) 같은 책.

198) Irving K. Zola, 《Culture and Symptoms. An Analysis of Patients' Presenting Complaints》, *American Sociological Review*, vol. XXXI, 1966, p. 615-630; Adam et Herzlich, *Sociologie de la maladie et de la médecine*, op. cit., p. 59.

199) Rey, *Histoire de la douleur*, op. cit., p. 6.

200) 같은 책.

201) 같은 책, p. 9.

202) Marceline Loridan-Ivens, *Ma vie balagan*, op. cit., p. 12-13.

203) (옮긴이) 여기서 '기적'이라고 번역한 단어 'prodige'에는 '천재, 신동'이라는 뜻도 있다.

204) (옮긴이) 저자 뤼방 오지앙은 유대계 폴란드인 집안에서 태어났다. 그의 부모는 실제로 2차 대전 당시에 유대인 집단 수용소 생활을 했다.

205) (옮긴이) 암세포가 완전히 사라진 상태.

206) Élie Wiesel, *Cœur ouvert*, Paris, J'ai lu, 2012, p. 62.

207) 지금은 삶의 양과 질 관계를 나타내는 지표도 개발되어 있다. QALY(Quality-Adjusted Life Year, 질 보정 수명)이 바로 그 지표다. 하지만 이 지표는 공리주의를 잘못 이해한 데서 나왔다든가, 은근한 '노인 차별주의'를 깔고 있다든가 하는 이유로 곧잘 비판을 받는다. 이 주제에 대해서는 다음을 보라. John Harris, 《QALYfying the value of life》, *Journal of médical Ethics*, vol. 13, nᵒ 3, 1987, p. 117-123.

208) Groopman, 《Cancer: A Time for Skeptics》, art. cité.

209) Beauvoir, *Une mort très douce*, op. cit., p. 64.

210) 같은 책, p. 35.

211) David Hume, 《Du suicide》, dans *Essais politiques, moraux & littéraires*, trad. et notes Jean-Pierre Jackson, Paris, Éditions Alive, 1999, p. 354.

212) Soljenitsyne, *Le Pavillon des cancéreux*, op. cit., p. 23.

213) Sophie Dufau, *Le Naufrage de la psychiatrie*, préface Patrick Pelloux, Paris, Albin Michel, 2006.

214) Barbedette, *Mémoires d'un jeune homme devenu vieux*, op. cit., p. 20-21.

215) 일부 동양 국가들에서―국제연합에 속한 국가인데도― '게이 프라이드'에 반대하는 폭력 시위가 일어나는 것을 보라.

216) Kevin White, *An Introduction to the Sociology of Health and Illness*, Londres, Sage Publications, 2002.

217) Claudine Herzlich, 《Médecine moderne et quête de sens》, dans Augé et Herzlich (dir.), *Le Sens du mal*, op. cit., p. 198.

218) Raymond Massé, 《Maladie》, dans *Dictionnaire du corps*, sous la direction de Michela Marzano, Paris, PUF, 2007.

219) Fondras, *Santé des philosophes, philosophes de la santé*, op. cit.

220) Virginie Vinel, 《Ménopause et andropause à la lumière du dispositif de sexualité》, *Le Portique. Foucault. Usages et actualités*, 13-14, 2ᵉ semestre 2004, p. 205-219.

221) Dominic Murphy, 《Concepts of Disease and Health》, *Stanford Encyclopedia of Philosophy*, 22 January 2015.

222) (옮긴이) 빅토리아 여왕 시대에 총리를 지낸 영국 정치인 벤저민 디즈레일리가 한 말이라고 한다.

223) Hitchens, *Vivre en mourant*, op. cit., p. 13-14.

224) Roth, *La Leçon d'anatomie*, op. cit., p. 13-14.

225) Grand Corps Malade, *Patients*, Paris, Don Quichotte éditions/Points, 2012.

226) Fischer, *Psychologie du cancer*, op. cit.

227) Laurent Fignon, *Nous étions jeunes et insouciants*, Paris, Grasset, 2009, p. 10.

228) Augé et Herzlich, *Le Sens du mal*, op. cit.

229) 같은 책.

230) Lorde, *The Cancer Journals*, op. cit.

231) Xavier Guchet, *La médecine personnalisée. Un essai philosophique*, Paris, Les Belles Lettres, 2016.

232) Giroux et Lemoine (dir.), *Philosophie de la médecine. santé, maladie, pathologie*, op. cit.

233) Beauchamp & James Childress, *Principles of Biomédical Ethics*, op. cit.

234) 병원 내 사망에 대한 2009년도 IGAS(Inspection generale des affaires sociales, 사회문제감독원) 조사에 따르면 "프랑스인의 절반 이상은 의료기관, 특히 국공립 병원에서 죽음을 맞는데 사망에 대한 책임은 병원이 자기 소관으로 인정하는 부분이 아니다." IGAS, *La mort à l'hopital*, La Documentation française, 2009.

235) Joan Tronto, *Un monde vulnérable*(1993), trad. H. Maury, Paris, La Découverte, 2009.

236) Allen Buchanan, Dan W. Brock, Norman Daniels, Daniel Wikler, *From Chance to Choice. Genetics & Justice*, Cambridge, Cambridge University Press, 2000.

237) Valérie Gateau, *Pour une philosophie du don d'organes*, Paris, Vrin, 2009.

238) Marcel Proust, *Le Côté de Guermantes*, Paris, Le Livre de poche, 1992, p. 328.

참고 문헌

• Adam, Philippe et Herzlich, Claudine, *Sociologie de la maladie et de la médecine* (1994), Paris, Armand Colin, 2014.

• Aristote, *Rhétorique*, livre II, trad. Médéric Dufour, Paris, Les Belles Lettres, 1967.

• Arrighi, Marie-Dominique, *K, histoires de crabe. Journal d'une nouvelle aventure cancérologique*, Saint-Pourcain-sur-Sioule, Bleu Autour, 2010.

• Augé, Marc et Herzlich, Claudine (dir.), *Le Sens du mal. Anthropologie, histoire, sociologie de la maladie*, Paris, Éditions des archives contemporaines, 1984, 4ᵉ éd., 1994.

• Banville, John, 《Surrounded by Jew-Haters》, *The New York Review of Books*, 26 May 2016.

• Barbedette, Gilles, *Mémoires d'un jeune homme devenu vieux*, préface René de Ceccaty, Paris, Gallimard, 1993.

• Barrier, Philippe, *Le Patient autonome*, Paris, PUF, 2014.

• Batifoulier, Philippe, *Capital-Santé. Quand le patient devient client,* Paris, La Découverte, 2014.

• Beauchamp, Tom L. et Childress, James F., *Les Principes de l'éthique biomédicale* (1979), trad. Martine Fishbach, Paris, Les Belles Lettres, 2008.

• Beauvoir, Simone de, *Une mort très douce*, Paris, Gallimard, coll. Folio, 1964. [시몬 드 보부아르, 『아주 편안한 죽음』, 성유보 옮김 (청년정신, 2015)].

232

- Bégaudeau, François, *Le moindre mal*, Paris, Le Seuil, coll. Raconter la vie, 2014.

- Ben Jelloun, Tahar, *L'Ablation*, Paris, Gallimard, 2014.

- Bergeron, Henri et Castel, Patrick, *Sociologie politique de la santé*, Paris, PUF, Quadrige, 2014.

- Bernanos, Georges, *Journal d'un curé de campagne* (1936), préface André Malraux, Paris, Plon-Pocket, 1974. [조르주 베르나노스, 『어느 시골 신부의 일기』, 정영란 옮김 (민음사, 2009)].

- Bernhard, Thomas, *Le Souffle. Une décision* (1978), trad. Albert Kohn, Paris, Gallimard, 1983. [토마스 베른하르트, 『호흡』, 조현천 옮김 (범우사, 1999)].

- Buchanan, Allen, Brock, Dan W., Daniels, Norman, Wikler, Daniel, *From Chance to Choice. Genetics & Justice*, Cambridge, Cambridge University Press, 2000.

- Butler, Samuel, *Erewhon* (1872), trad. Valery Larbaud, Paris, Gallimard, coll. L'Imaginaire, 1981. [새뮤얼 버틀러, 『에레혼』, 한은경 옮김 (김영사, 2018)].

- Canguilhem, Georges, 《Essai sur quelques problèmes concernant le normal et le pathologique》 (1943), dans *Le Normal et le Pathologique*, Paris, PUF, 1966.

- Carrère, Emmanuel, *D'autres vies que la mienne*, Paris, Gallimard, coll. Folio, 2010. [에마뉘엘 카레르, 『나 아닌 다른 삶』, 전미연 옮김 (열린책들, 2011)].

- Chalmers, David J., Manley, David, Wasserman, Ryan (dir.), *Metametaphysics. New Essays on the Foundations of Ontology*, Oxford, Clarendon Press, 2009.

- Cicourel, Aaron, *Le Raisonnement médical. Une approche sociocognitive*, textes réunis et présentés par Pierre Bourdieu et Yves Winkin, Paris, Le Seuil, coll. Raisons d'agir, 2002.

- Cyrulnik, Boris, *Un merveilleux malheur*, Paris, Odile Jacob, 1999.

- Derbez, Benjamin et Rollin, Zoé, *Sociologie du cancer*, Paris, La Découverte, 2016.

- *Dr House*, saison 2, épisode 1, «La peine de vie».
- Dufau, Sophie, *Le Naufrage de la psychiatrie*, préface Patrick Pelloux, Paris, Albin Michel, 2006.
- Elias, Norbert, *La Solitude des mourants* (1982), trad. Sybille Muller, suivi de *Vieillir et mourir: quelques problèmes sociologiques*, trad. Claire Nancy, Paris, Christian Bourgois éditeur, 1987.
- Elster, Jon, *Alchemies of the Mind*, Cambridge, Cambridge University Press, 1999.
- Engelhardt, Tristram H., *Les Fondements de la bioéthique*, trad. Jean-Yves Goffi, Paris, Les Belles Lettres, 2015.
- Eribon, Didier, *Michel Foucault*, Paris, Flammarion, coll. Champs, 1991.
- Fignon, Laurent, *Nous étions jeunes et insouciants*, Paris, Grasset, 2009.
- Fischer, Gustave-Nicolas, *Psychologie du cancer. Un autre regard sur la maladie et la guérison*, Paris, Odile Jacob, 2013.
- Fondras, Jean-Claude, *Santé des philosophes, philosophes de la santé*, Nantes, éditions nouvelles Cécile Defaut, 2014.
- Francis, Gavin, «How many speed bumps?», *London Review of Books*, 21 August 2014, à propos de Joanna Burke, *The Story of Pain: From Prayer to Painkillers*, Oxford, Oxford University Press, 2014.
- Freidson, Eliot, *La Profession médicale* (1973), trad. Andrée Lyotard-May et Catherine Malamoud, préface Claudine Herzlich, Paris, Payot, 1984.
- Gadenne, Paul, *Siloé* (1941), Paris, Le Seuil, coll. Points, 1974.
- Garric, Audrey, «De quoi meurt-on dans le monde?», *Le Monde*, 18 décembre 2014,
- Gateau, Valérie, *Pour une philosophie du don d'organes*, Paris, Vrin, 2009.
- George, Benoît, «Le Big Data s'attaque au diagnostic médical», *Les Échos*, 9 avril 2013.

- Giroux, Élodie et Lemoine, Maël (dir.), *Philosophie de la médecine. Santé, maladie*, pathologie, Paris, Vrin, 2012.

- Goffman Erving, *La Mise en scène de la vie quotidienne, I, La présentation de soi* (1959), trad. Alain Acardo, Paris, Minuit, 1973. [어빙 고프먼, 『자아 연출의 사회학』, 진수미 옮김 (현암사, 2016)].

- Grand Corps Malade, *Patients*, Paris, Don Quichotte éditions/Points, 2012.

- Grandin de l'Épervier, Jade, 《Assurance : votre vie privée vaut bien une ristourne》, *Le Monde*, 7 septembre 2016.

- Groopman, Jerome, 《Cancer : A Time for Skeptics》, *The New York Review of Books*, 10 March 2016, à propos de Vincent T. De Vita Jr, Elizabeth De Vita-Raeburn, *The Death of Cancer*, New York, Sarah Crichton Books, Farrar, Straus and Giroux, 2016.

- Guchet, Xavier, *La Médecine personnalisée. Un essai philosophique*, Paris, Les Belles Lettres, 2016.

- Guibert, Hervé, *À l'ami qui ne m'a pas sauvé la vie*, Paris, Gallimard, coll. Folio, 1990.

- ──, *Le Protocole compassionnel*, Paris, Gallimard, 1991.

- Haidt, Jonathan, *L'Hypothèse du bonheur. La redécouverte de la sagesse dans la science contemporaine* (2006), trad. Matthieu Van Pachterbeke, Bruxelles, Mardaga, 2010.

- Harris, John, 《QALYfying the value of life》, *Journal of Medical Ethics*, vol. 13, no 3, 1987, p. 117-123.

- Haute Autorité de Santé, *Annoncer une mauvaise nouvelle*, Service évaluation des pratiques, février 2008.

- Herzlich, Claudine, 《Médecine moderne et quête de sens》, dans Marc Augé et Claudine Herzlich (dir.), *Le Sens du mal. Anthropologie, histoire, sociologie de la maladie*, Paris, Éditions des archives contemporaines, 1984, 4e éd., 1994, p.

189-215.

- Hesslow, Germund, 《Avons-nous besoin d'un concept de maladie?》(1993), trad. Maël Lemoine, dans Élodie Giroux et Maël Lemoine (dir.), *Philosophie de la médecine. Santé, maladie, pathologie*, Paris, Vrin, 2012, p. 305-329.

- Hick, John, 《Soul-Making and Suff ering》, dans Marylin McCord Adams et Robert Merrihew Adams (dir.), *The Problem of Evil*, Oxford, Oxford Readings in Philosophy, Oxford University Press, 1990, p. 168-188.

- Hitchens, Christopher, *Vivre en mourant* (2012), trad. Bernard Lortholary, Paris, Flammarion, coll. Climats, 2013. [크리스토퍼 히친스, 『신 없이 어떻게 죽을 것인가』, 김승욱 옮김(알마, 2014)].

- Hume, David, 《Du suicide》, dans *Essais politiques, moraux & littéraires*, trad. et notes Jean-Pierre Jackson, Paris, Éditions Alive, 1999, p. 345-355.

- Hyman, John, 《Pain and Places》, *Philosophy*, vol. 78, n° 303, 2003, p. 5-24.

IGAS, *La Mort à l'hôpital*, La Documentation française, 2009.

- Illich, Ivan, *Némésis médicale. L'expropriation de la santé*, Paris, Le Seuil, 1974.

- Jain, S. Lochlann, *Malignant. How cancer becomes us*, Stanford, University of California Press, 2014.

- *Journal officiel*, 21 juin 2011.

- ——, 《Loi n° 2002-30-33 du 4 mars 2002, relative aux droits du patient et à la qualité du système de santé》, 5 mars 2002, p. 4118.

- Kripke, Saul, *La Logique des noms propres*, trad. Pierre Jacob et François Recanati, Paris, Minuit, 1982.

- Kübler-Ross, Elisabeth, *Les Derniers Instants de la vie* (1969), trad. Cosette Jubert et Étienne de Peyer, Genève, Labor et Fides, 1975. [엘리자베스 퀴블러 로스, 『죽음과 죽어감』, 이진 옮김(청미, 2018)].

- Kunnas, Tarmo, *Nietzsche ou l'esprit de contradiction*, Paris, Nouvelles éditions latines, 1980.

- La Fontaine, Jean de, 《Les Animaux malades de la peste》, *Fables* (1678-1679), Livre Septième, Fable 1, Paris, Classiques Hachette, 1929, p. 226-229.

- Lakoff , George et Johnson, Mark, *Les Métaphores dans la vie quotidienne* (1980), trad. Michel de Fornel et Jean-Jacques Lecercle, Paris, Minuit, 1985.

- Lefève, Céline, Benaroyo, Lazare, Worms, Frédéric (dir.), *Les Classiques du soin*, Paris, PUF, 2015.

- *Les Mille et Une Nuits*, édition française intégrale établie par René R. Khawam, Paris, Phébus *libretto*, 1986.

- Lindon, Mathieu, *Je ne me souviens pas*, Paris, P.O.L., 2016.

- Lorde, Audre, *The Cancer Journals*, Special Edition, San Francisco, Aunt lute books, 1997.

- Loridan-Ivens, Marceline, *Ma vie balagan*, écrit en collaboration avec Elisabeth D. Inandiak, Paris, Robert Laffont, 2008.

- Mann, Thomas, *La Montagne magique* (1924), trad. Maurice Betz, Paris, Le Livre de poche, 1991. [토마스 만, 『마의 산』, 윤순식 옮김(열린책들, 2014)].

- Massé, Raymond, 《Maladie》, dans *Dictionnaire du corps,* sous la direction de Michela Marzano, Paris, PUF, 2007.

- Massin, Olivier et Meylan, Anne (dir.), *Aristote chez les Helvètes. Douze essais de métaphysique helvétique*, illustrations de Baba, Montreuilsous-Bois, Les Éditions d'Ithaque, 2014.

- McCord Adams, Marylin et Merrihew Adams, Robert (dir.), *The Problem of Evil*, Oxford, Oxford Readings in Philosophy, Oxford University Press, 1990.

- Miller, James, *La Passion Foucault* (1993), trad. Hughes Leroy, Paris, Plon, 1995.

- Moore, Michael, *Sicko* (film, 2007).

- Moulin, Anne-Marie, *Le Corps face à la médecine*, dans Alain Corbin, Jean-

Jacques Courtine, Georges Vigarello (dir.), *Histoire du corps*, Paris, Le Seuil, 2005, p. 15-69.

• Mukherjee, Siddharta, *L'Empereur de toutes les maladies. Une biographie du cancer* (2011), trad. Pierre Khaldy, Paris, Flammarion, coll. Libres Champs, 2016.

• Murphy, Dominic, 《Concepts of Disease and Health》, *Stanford Encyclopedia of Philosophy*, 22 January 2015.

• Nabokov, Vladimir, 《On Generalities》, *The Times Literary Supplement*, 13 May 2016.

• Nagel, Thomas, *Qu'est-ce que tout cela veut dire? Une très brève introduction à la philosophie* (1987), trad. Ruwen Ogien, Paris, Éditions de l'éclat, 4e édition, 2003.

• Nancy, Jean-Luc, *L'Intrus*, Paris, Galilée, nouvelle édition augmentée, 2010.

• Neiman, Susan, *Evil in Modern Thought. An Alternative History of Philosophy*, Princeton, Princeton University Press, 2015.

• Nesse, Randolph, 《À propos de la difficulté de définir la maladie. Une perspective darwinienne》(2001), trad. Pierre-Olivier Méthot, dans Élodie Giroux et Maël Lemoine (dir.), *Philosophie de la médecine. Santé, maladie, pathologie*, Paris, Vrin, 2012, p. 183-219.

• Nietzsche, Friedrich, *Aurore* (1880), texte établi par Giorgio Colli et Mazzino Montinari, trad. Julien Hervier, Paris, Gallimard, coll. Idées, 1970. [프리드리히 니체, 『아침놀』, 박찬국 옮김 (책세상, 2004)].

• ——, *Ecce homo* (1906), trad., introduction, notes, index Éric Blondel, Paris, GF-Flammarion, 1992. [프리드리히 니체, 『이 사람을 보라』, 백승영 옮김 (책세상, 2002)].

• ——, *Le Crépuscule des idoles ou Comment philosopher à coups de marteau* (1888), texte établi par Giorgio Colli et Mazzino Montinari, trad. Jean-

Claude Hemery, Paris, Gallimard, coll. Idées, 1974.

• ———, *Fragments posthumes, Automne 1887-mars 1888*, textes et variantes établis par Giorgio Colli et Mazzino Montinari, trad. Henri-Alexis Baatsch et Pierre Klossowski, Paris, Gallimard, 1976.

• Nisbet, Robert, *Sociology as an Art Form*, Oxford, Oxford University Press, 1977.

• Nozick, Robert, «Explications théologiques», dans *Méditations sur la vie* (1989), trad. Michèle Garène, Paris, Odile Jacob, 1995, p. 241-261.

• Nunez, Sigrid, *A Memoir of Susan Sontag*, New York, Atlas & Co, 2011.

• Nussbaum, Martha, *La Connaissance de l'amour. Essais sur la philosophie et la littérature* (1991), trad. Solange Chavel, Paris, Cerf, 2010.

• Ogien, Ruwen, *L'État nous rend-il meilleurs? Essai sur la liberté politique*, Paris, Gallimard, coll. Folio Essais, 2013.

• Parsons, Talcott, «Structure sociale et processus dynamique: le cas de la pratique médicale» (1951), dans *Éléments pour une sociologie de l'action*, trad. François Bourricaud, Paris, Plon, 1955, p. 193-255, p. 230.

• Paulhan, Jean, *La Preuve par l'étymologie*, Bazas, Le Temps qu'il fait, 1988.

• Perino, Luc, «Plaidoyer pour plus de science en médecine», *Le Monde*, 7 septembre 2016.

• Perry, Marvin et Schweitzer, Frederick M., *Antisemitism: Myth and Hate from Antiquity to the Present*, Basingstoke et New York, Palgrave Macmillan, 2002.

• Peschel, Richard et Peschel, Enid, «Selective Empathy», dans Howard M. Spiro, Mary G. McCrea Curnen, Enid Peschel, Deborah St. James (dir.), *Empathy and the Practice of Medicine, Beyond Pills and the Scalpel*, New Haven, Yale University Press, 1993, p. 110-120.

• Pierret, Janine, «Les significations sociales de la santé et de la maladie», dans Marc Augé et Claudine Herzlich (dir.), *Le Sens du mal. Anthropologie, histoire, sociologie de la maladie*, Paris, Éditions des archives contemporaines, 1984, 4e éd., 1994, p. 217-256.

- Plantinga, Alvin, *The Nature of Necessity*, Oxford, Clarendon Paperbacks, 1974.

- Proust, Marcel, *Le Côté de Guermantes*, Paris, Le Livre de poche, 1992.

- ——, *Le Côté de Guermantes,* dans *À la Recherche du temps perdu*, tome II, Paris, Gallimard, Bibl. de la Pléiade, 1988. [마르셀 프루스트, 『잃어버린 시간을 찾아서 5―게르망트 쪽 1』, 김희영 옮김 (민음사, 2015)].

- Rameix, Suzanne, *Fondements philosophiques de l'éthique médicale*, Paris, El-lipses, 1996.

- Rea, Michael, *Metaphysics. The Basics*, New York, Routledge, 2014.

- Rey, Roselyne, *Histoire de la douleur* (1993), nouvelle édition avec des postfaces de Jean Cambier et Jean-Louis Fischer, Paris, La Découverte, 2011.

- Ricœur, Paul, 《La souffrance n'est pas la douleur》(1992), dans Claire Marin et Nathalie Zaccaï-Reyners (dir.), *Souffrance et douleur. Autour de Paul Ricœur*, Paris, PUF, 2013, p. 13-33.

- Ripoll, Hubert, 《Cessons de porter un regard coupable sur les sportifs handi-capés》, *Le Monde*, 8 septembre 2016.

- Roth, Philip, *La Leçon d'anatomie* (1983), trad. Jean-Pierre Carasso, Paris, Gallimard, 1985.

- Schneck, Colombe, *Val de grâce*, Paris, J'ai lu, 2015.

- Scull, Andrew, 《Chronic Profitability》, *Times Literary Supplement*, 15 August 2014, à propos de S. Lochlann Jain, Malignant, *How cancer becomes us*, Stan-ford, University of California Press, 2013.

- Sebastian, Mihail, *Journal. 1935-1944*, préface Edgar Reichmann, trad. Alain Paruit, Paris, Stock, 2007.

- Shaw, Tamsin, 《The Psychologists Take Power》, *The New York Review of*

Books, 25 February 2016.

• Soljenitsyne, Alexandre, *Le Pavillon des cancéreux*(1968, 1979), trad. Alfreda Aucouturier et alii, Paris, Robert Laffont, coll. Pavillons poche, 2011. [알렉산드르 솔제니친, 『암 병동』, 이명의 옮김(민음사, 2015)].

• Sontag, Susan, *Tout, et rien d'autre. Conversation avec Jonathan Cott*(2013), trad. Maxime Catroux, Paris, Flammarion, coll. Climats, 2015.

• ——, *La Maladie comme métaphore*(1977, 1978), trad. Marie-France de Paloméra, suivi de *Le sida et ses métaphores*(1988), trad. Bruce Matthieussent, Paris, Christian Bourgois éditeur, 1993. [수전 손택, 『은유로서의 질병』, 이재원 옮김(이후, 2002)].

• Stefan, M. D. et McManus, I. C., 《The Concept of Disease, its Evolution in Medical Students》, *Social Science and Medicine*, vol. 26, n° 7, 1989, p. 791-792.

• Teppe, Julien, *Apologie pour l'anormal ou Manifeste du dolorisme,* préface du docteur Ch. Fessinger(1935), suivi de *La Dictature de la douleur ou Précisions sur le dolorisme*(1946), Paris, Vrin, 1973.

• Thomas, Laurence M., 《Rayonnement moral et rivalité de la souffrance》, *Portulan I*, 1998.

• ——, *Vessels of Evil: American Slavery and the Holocaust*, Philadelphie, Temple University Press, 1993.

• Thomasson, Amie L., 《Answerable and Unanswerable Questions》, dans David J. Chalmers, David Manley, Ryan Wasserman(dir.), *Metametaphysics. New Essays on the Foundations of Ontology*, Oxford, Clarendon Press, 2009, p. 444-471.

• Tolstoï, Léon, *La Mort d'Ivan Ilitch,* suivi de *Maître et serviteur* et de *Trois morts*, trad. Michel-Rostislav Hofmann, Paris, Le Livre de poche, 1976. [레프 니콜라예비치 톨스토이, 『이반 일리치의 죽음』, 이강은 옮김(창비, 2012)].

- Trigano, Shmuel, *Juifs et Noirs. Du mythe à la réalité, Pardès, Études et culture juives*, n° 44, Paris, Éditions In Press, 2008.

- Tronto, Joan, *Un monde vulnérable* (1993), trad. H. Maury, Paris, La Découverte, 2009.

- Varul, Matthias Zick, 《Talcott Parsons, the Sick Role and Chronic Illness》, *Body & Society*, vol. 16, n° 2, July 2010, p. 72-94.

- Vinel, Virginie, 《Ménopause et andropause à la lumière du "dispositif de sexualité"》, *Le Portique. Foucault. Usages et actualités*, 13-14, 2ᵉ semestre 2004, p. 205-219.

- Violet, Lydie et Desplechin, Marie, *La Vie sauve*, préfaces Roger-Pol Droit, Jean-François Chermann et Erik Orsenna, Paris, Le Seuil, coll. Points, 2006.

- White, Kevin, *An Introduction to the Sociology of Health and Illness*, Londres, Sage Publications, 2002.

- Wiesel, Élie, *Cœur ouvert*, Paris, J'ai lu, 2012.

- Williams, Simon J., 《Parsons Revisited : from the sick role to⋯》, *Health: An Interdisciplinary Journal for the Social Study of Health, Illness and Medicine*, vol. 9, n° 2, 2005, p. 123-141.

- Wolfe, Alan, *Political Evil. What it is and How to Combat It*, New York, Vintage Books, 2011.

- Wolff, Francis, *Pourquoi y a-t-il quelque chose plutôt que rien?*, Paris, PUF, 2014.

- Woolf, Virginia, *De la maladie* (1930), trad. et présentation Élise Argaud, Paris, Payot & Rivages, 2007.

- Zadegh-Zadeh, Kazem, 《La maladie comme ressemblance à un prototype》 (2008), trad. Maël Lemoine, dans Élodie Giroux et Maël Lemoine (dir.), *Philosophie de la médecine. Santé, maladie, pathologie*, Paris, Vrin, 2012, p. 361-404.

- Zborowski, Mark, 《Cultural Components in Responses to Pain》, *Journal of Social Issues*, n° 8, 1952, p. 16-30.
- Zola, Irving, 《Cultures and Symptoms. An Analysis of Patients Presenting Complaints》, *American Sociological Review*, vol. XXXI, 1966, p. 615-630.
- Zorn, Fritz, *Mars* (1977), préface Adolf Muschg, trad. Gilberte Lambrichs, Paris, Gallimard, 1979.

나의 길고 아픈 밤

죽음을 미루며 아픈 몸을 생각하다

초판 1쇄 인쇄 2018년 12월 10일
초판 1쇄 발행 2018년 12월 20일

지은이 뤼방 오지앙
옮긴이 이세진

펴낸이 연준혁
출판 1본부 이사 김은주
편집 엄정원
디자인 김태수

펴낸곳 (주)위즈덤하우스 미디어그룹 **출판등록** 2000년 5월 23일 제13-1071호
주소 경기도 고양시 일산동구 정발산로 43-20 센트럴프라자 6층
전화 031)936-4000 **팩스** 031)903-3893 **홈페이지** www.wisdomhouse.co.kr

값 14,000원
ISBN 979-11-89709-11-2 03100